いつも仕事に追われている上司のための

部下を動かす教え方

松尾 昭仁
ネクストサービス代表取締役CEO

日本実業出版社

教え上手になって、仕事がうまく回る「仕組み」を作ろう！——はじめに

この本を手にとっていただいた方の中で、「今まで一度も人に教えた経験がない」という人は、まずいないでしょう。

会社の中である程度の経験を積めば、部下や後輩に仕事を教える機会が出てきます。また、子供に箸の持ち方や自転車の乗り方を教えたり、友達にパソコンや携帯電話の操作の仕方をレクチャーするなど、職場以外でも、人にものを教えることは多々あります。

だからこそ「教える」ことがうまい人は、多くの人から頼りにされ、組織やコミュニティーの中で重宝され、その場に強い影響力を持つ「キーパーソン」になることができるのです。会社に限定して言えば、**教え方がうまい人は、部下から慕われ、経営者からは一目置かれる、頼れる上司として、組織の成長には欠かせない存在となる**のです。

しかし、それだけ重要な「教える」という行為を、どれだけの人がきちんと行なっていると言えるのでしょう?

私はこれまで、多くの企業の上司の方々と接する機会を持ってきましたが、人に教え、育てることが苦手と言う人は少なくありません。また、「自分の仕事だけで手一杯で、部下を教える余裕がない」「部下に仕事を教えてもすぐには覚えてくれないから、結局、自分でやったほうが早い」と、教えることを最初からあきらめている人さえいます。

私に言わせれば、そんな人は「**上司失格**」です。

ここで、少しだけ、私の自己紹介をさせてください。

私は集客に特化したホームページ制作サービスを提供する会社を経営するかたわら、セミナーの自主開催ノウハウを教える講師を務め、講師育成事業を展開し、さらに経営や起業・ブランディングのコンサルタントをしています。さらに、最近はそれらの仕事の合間をぬって、書籍の執筆も年3、4冊のペースで進めています。

私がこれだけの仕事を同時にこなし成果を出していけるのは、人より仕事のスピードが速いからでも、毎日遅くまで働いているからでもありません（むしろ私は、できるだけ楽をしたい「怠け者体質」の人間です）。私が、日々仕事に追われないですんでいるのは、まさしく、「**人に上手にものを教える**」ことを徹底してきた結果なのです。

あなたは、「もしも、自分がもう一人いたら仕事が2倍早く終わるのに」と思ったことはありませんか？　そんな夢のような話も、じつは「教える」ことで実現可能なのです。

私はこれまで、自分の持っている知識やノウハウを部下やビジネスパートナーにどんどん教え、そして、自分の仕事を次々と他人にシフトさせ、あとは自分にしかできないことに全力投球するという、仕事のスタイルを作り上げてきました。

先述したように、自分が怠け者体質だからこそ、**最小の努力で最大の結果が得られるよう、教えることで協力者を増やし、他人の力を上手に使い、ビジネスにレバレッジ（てこ）をかけている**のです。

上手にものを教え、自分の「仕事のＤＮＡ」を受け継いだ人間を何人も育て上げれば、あなた自身があくせく働かなくても、**仕事がうまく回る「仕組み」**ができ、組織を成長させることができます。

教えることで部下を育て、部下を動かす。これこそが、会社から求められている、大事な「上司の役割」の１つであり、あなたをバタバタした日常から解放してくれる解決策なのです。

今まで出版された「教え方」に関する書籍の多くは、「教わる側のメリット（こう教えれば教わる側にとってわかりやすい、など）」を中心に書かれたものでした。

しかし、本書では、加えて、「教える側のメリット」についてもページを割き、さらに効果的な教え方のノウハウも徹底的に解説しています。まさに、「教え下手」だと悩んでいる上司の方々には最適な一冊だと自負しています。

本書を読めば、以下のことを学び、実践することができます。

・あなたも組織も成長させる「教えの連鎖」の起こし方
・部下を「一人前」にするマンツーマンの教え方
・部下の「自信」と「やる気」を引き出す教え方
・部下のタイプに合わせ効果的に教える技術
・勉強会や研修で多くの部下を一気に教える方法

私は大学や専門機関で「教え方」や「教育論」を学んできたわけではありません。その代わりに経営者として部下に仕事を教え、そして、セミナーやコンサルティング業務では、参加者や顧問先に私のノウハウや経験をほぼ毎日のようにレクチャーしています。

そうした、日々の現場で試行錯誤を繰り返しながら学んだ、リアルな「教え方の技術」は、きっとあなたの役に立つと信じています。

最後に、これから本書をお読みいただくにあたって、この書籍と連動したレポートを私の会社のホームページにご用意しました。

無料メールレポート（全3回）　http://www.next-s.net/book550
『教えて仕事にレバレッジをかけるための、本には書けなかった3つのポイント』

あなたのメールアドレスを登録すると、すぐにお読みいただける仕組みになっています。こちらも一緒にご覧いただけると幸いです。

それでは、上司には欠かすことのできない「部下を動かす教え方」のノウハウを学びにいきましょう。

２００８年６月

ネクストサービス株式会社　代表取締役ＣＥＯ　松尾昭仁

いつも仕事に追われている上司のための

部下を動かす教え方

目次

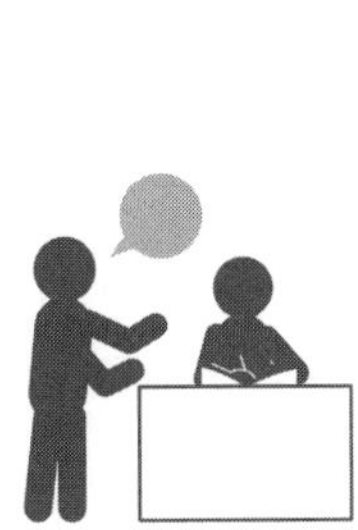

第1章 「教える」ことで、あなたも組織も成長できる

第2章
部下を「一人前」に育てる教え方の基本

第3章 部下の「自信」と「やる気」に火をつける教え方

第4章
どんな部下にも効果がある「タイプ別」の教え方

第5章 「多くの部下」を一気にレベルアップさせる教え方

カバーデザイン◎井上新八
本文DTP◎ムーブ（川野有佐）

第1章

「教える」ことで、あなたも組織も成長できる

実際の教え方のノウハウを学ぶ前に、本章では「教える」ことのメリットについて見ていきます。部下を教えることにより、あなたと組織に何が起こり、どう変わるのか？　答を知りたい方はページをめくってください。

あなたが教えなければ、会社の成長はありえない

社会人として働き始めてから今日まで、多かれ少なかれ「誰かに仕事を教えた・教わった」という経験が、あなたにはあると思います。もしも、すべての仕事のやり方を、一人ひとりが独学で覚えなければいけないとしたら、そんな会社は成り立たないでしょう。上司から部下へ、先輩から後輩へと、「**教えの連鎖**」が続くからこそ、組織は永続的に成長できるのです。

しかし、実際には、この「教えの連鎖」がうまくいっていない会社も少なくありません。原因は大別すると次の2つです。

①「教える」ことの優先順位が低い
②具体的な「教え方」のコツを知らない

①として挙げたように、残念ながら、「教える」ことの優先順位が低い職場が存在します。上司から中堅社員に至るまで、自分の仕事・ノルマをこなすのに精一杯で、部下や後輩に教える時間をなかなかとれないのです。

また、これは稀なケースでしょうが、上司によっては自分のノウハウを下の人間に教えないほうが、地位を脅かされないですむと考える人もいるようです。当然、その上司にとって「教える」ことの優先順位は低いでしょう。しかし、そういう上司が支配する組織は、今はうまく回っているように見えても、後々行き詰るときが来るはずです。

この本を選んでくださったあなたには、②の原因のほうが思い当たるかもしれません。いざ部下や後輩に何かを教えなければいけないときに、うまく教えることができない。つまり、「教え方」のコツを知らない人が少なくないのです。

これは無理もないことかもしれません。私たちは普通、学生時代を通して学び方についてはよく知っていますが、教師や研修講師などでもない限り、教え方について体系的に学んだ人はいないはずです。

よって、人の見よう見まねで教えたり、自己流で教えたり、「習うより慣れろ」の姿勢で相手が勝手に学ぶことを期待してしまう。そんなあなたのために、本書では主に会社内での実践的な「教え方」のコツをご紹介していきます。

正しい「教え方」が根付いた組織は、先述した「教えの連鎖」が働き、上司から部下へ、先輩から後輩へと、知識やスキルが脈々と伝わっていきます。また、教わる相手はあなたの持っていない知識・スキルを、あらかじめ何かしら持っていますので、その分がさらにプラスされるというメリットがあります。

教えの連鎖

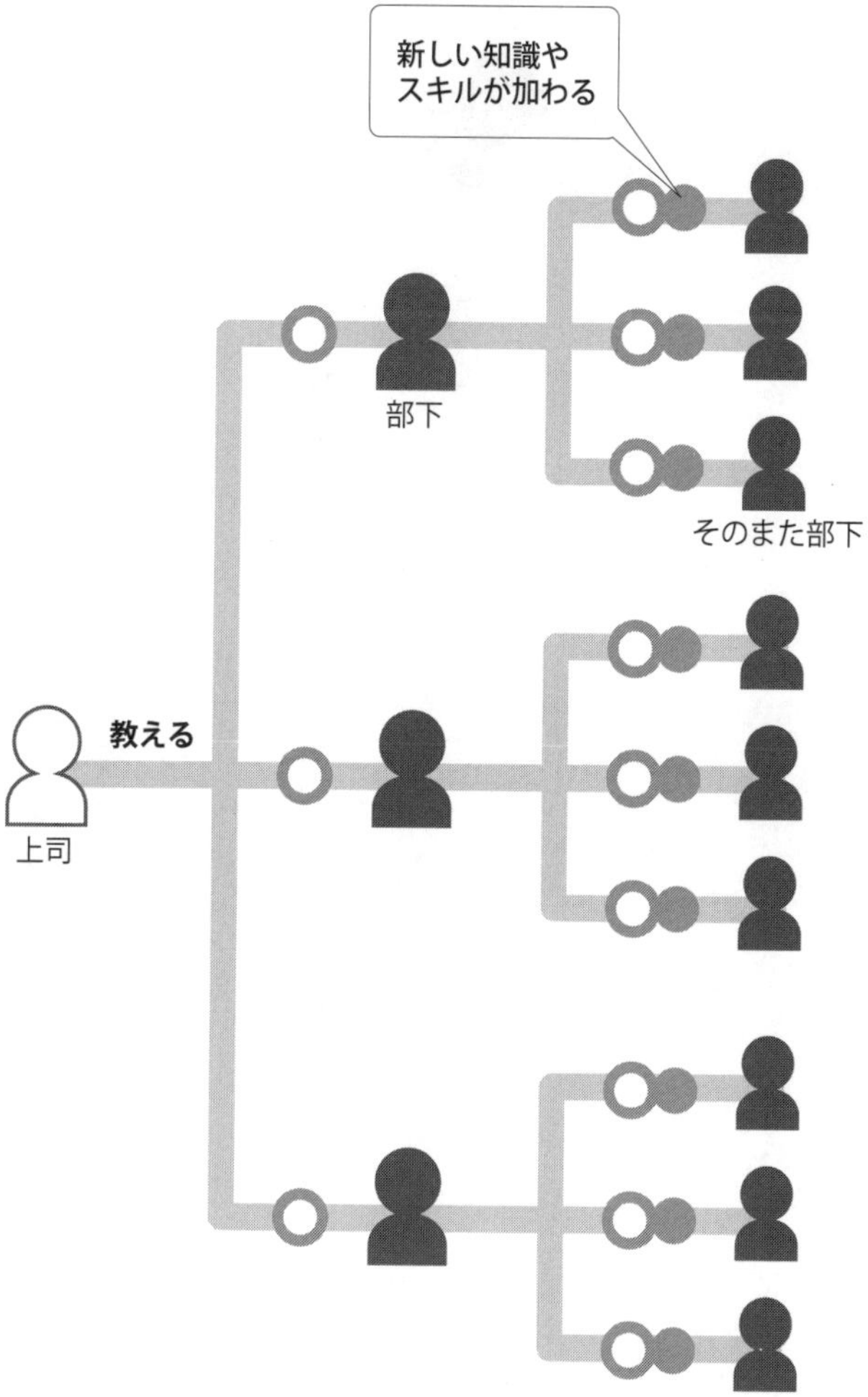

そのため、一人の人間に教えた効果は、「1＋1＝2」という単純な式では表わせません。教えることによって自分の「分身」にあたる部下を五人作れば、組織にはその五人分以上の効果がもたらされる可能性があり、彼らがさらに下の人間を教えることで、組織はさらに成長していきます。

教えるということは、組織においてそれだけ大きな意味のある行為なのです。

Point

教え方のコツを学んで、組織に「教えの連鎖」を巻き起こそう。

「自分でやるほうが早い」は大間違い

私がセミナーやコンサルティングで「教える」ことの重要性を説いていると、「教えることのメリットはわかりましたが、どうしても目の前の仕事で時間をとられてしまう」というご意見をいただくことがあります。

たしかに、仕事を教えても、部下や後輩が自分のレベルに近づくまでには、当然それなりの時間がかかります。「ならば自分でやるほうが早いし、せっかく教えても部下が結果を出すまで生産性がないのでは？」という考えから、教えることを敬遠する人が多いのも事実です。

しかし、このような考え方は、あまりに「短期的」な視点に偏り過ぎていると思います。ビジネスパーソンである以上、もう少し「中・長期的」な見方もすべきです。「自分でやったほうが早い」と考える気持ちもわかりますが、これを続けてしまうと、3年後、5年後、10年後はどうなってしまうのでしょうか？　自分でやったほうが早いと様々な仕事を抱え込んだ結果、あなたは本来なら自分がやらなくてもいい仕事にまで追われる日々を送っているかもしれません。

そうならないためにも、もっと「中・長期的」な視点で物事を考えましょう。目先のことだけを考えている人には、大きな仕事はできません。

これは、組織に属す人であっても、独立した人でも同じです。自分一人の頑張りでは、小さな仕事はこなせても、大きな事業をやり遂げることは不可能です。**「自分がやったほうが早い」という先入観を捨て、会社の成長のための「教える時間」を確保すること、そして教えた相手が戦力になるまでの「我慢の時間」を持つことが大事です。**

私の知人のある管理職は、自分の仕事時間の内、2割を「教える時間」にあてた結果、

教える人、教えない人の差

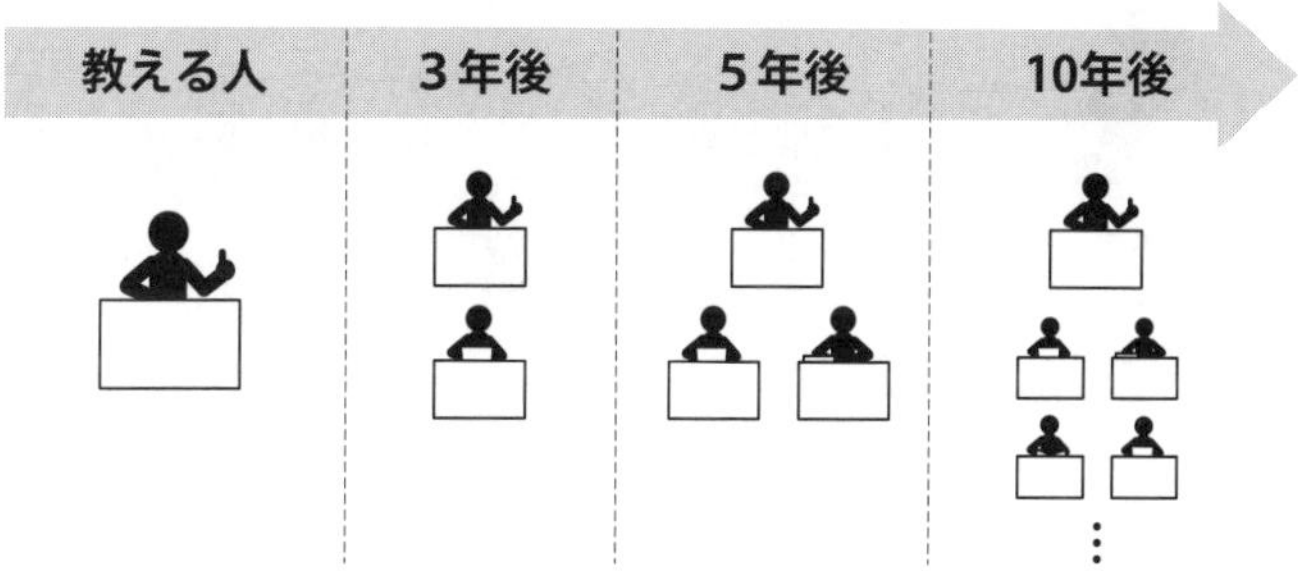

他人に任せられる仕事が年々増え、
より大きな仕事にチャレンジできる

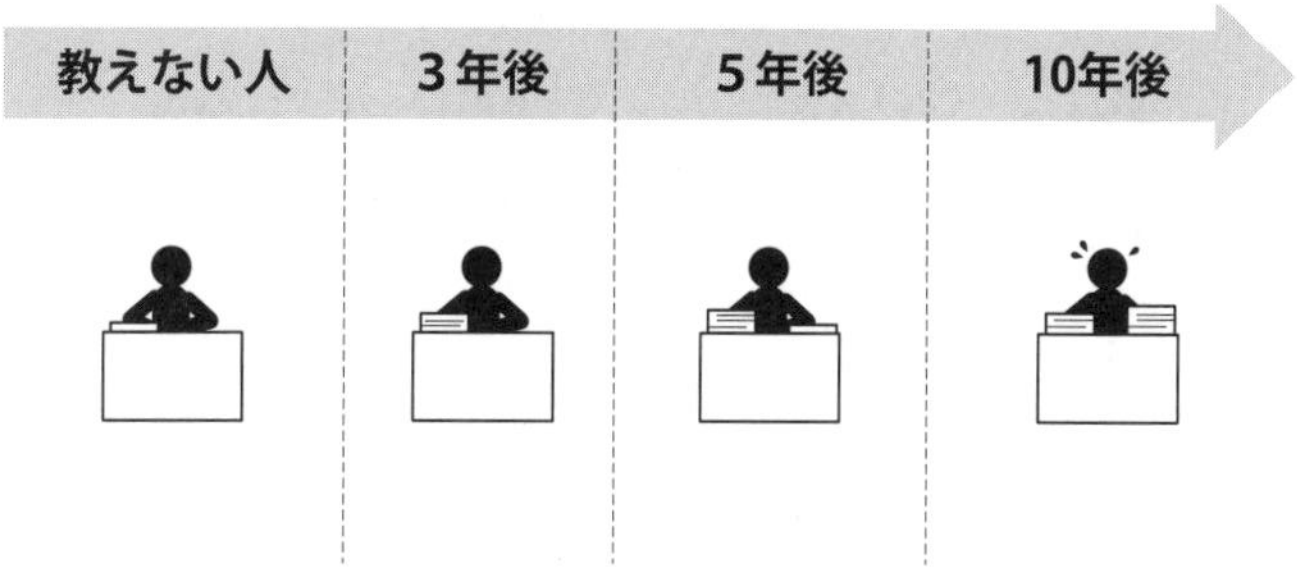

自分で仕事を抱えこむため、
常に仕事に追われている

部下が少しずつ成績を出し始め、自身の昇進につながったそうです。

この話を聞いて、私は「教える」という行為が、「貯金」のようなものだと感じました。教えることで相手に自分の時間を預け、預けた時間はいつか（自分並みに仕事をこなす部下という）利子がついて返ってきます。部下の成長にともなって、自分が使える時間は結果的に増え、その時間をより大きな仕事に投資できるのです。

なお、この利率はあなたの「教え方」しだいで高くも低くもなります。本書で「教え方」のコツを学んであなたの利率を最大限にしてください。そのためにも、自分の仕事時間の内、少しずつでも「教える時間」を捻出できるよう、計画してみてください。

Point

長い目で見れば、教えることで時間は増える。

「スピード最優先時代」だからこそ教えよう

短期間で急成長を遂げた楽天株式会社のスローガンの1つに、「スピード‼　スピード‼　スピード‼」という言葉があります。なぜ、楽天があれほど短い間に成功を収めることができたのか？　その答えはまさにこの「**スピード**」にあると言えるでしょう。

楽天の創業者、三木谷浩史氏の著者『成功のコンセプト』（幻冬舎）に、

「慎重に時間をかけてベストを目指すにしても、ベストに達するまでの時間を最大限に短縮できた者が勝者になることには変わりがない」

と書かれているように、ビジネスの世界はスピード勝負。その傾向は変化がいちじるし

いＩＴ業界などを中心にますます強くなるはずです。

こういう時代だからこそ、「教えること」の重要性が高まっています。自分一人でコツコツと仕事をしていても、仕事のスピードは上がりません。現在、仕事の効率を上げるビジネス書、セミナーなどが流行っていますが、そこで知ったノウハウをどれだけ実践しても、個人のスピードアップには限界があるでしょう。

敏速に仕事を遂行するためには、先述した「教えの連鎖」をうまく働かせ、一人よりも二人、二人よりも三人と、「自分の分身」を教え育てることです。**教えることにかかった時間はあとで必ず回収できます。**あなたが下の人間を抱えていれば抱えているほど、目先のスピードよりもトータルのスピードを考えて行動する癖をつけましょう。

Point

仕事のトータルなスピードアップに、教えることは欠かせない。

教えなければ、上司とは言えない

本書を手にとっていただいたみなさんにはご承知のことでしょうが、「教える」という行為は、上司の大事な仕事です。

私は常々「**教えなければ上司ではない**」と考えています。これは私が新卒で入社した人材派遣会社の直属の上司の影響です。当時、彼は32歳で今にして思うととても若かったのですが、私のサラリーマン時代の中でも特に尊敬している人物です。

支店長兼営業マンという2足のわらじを履く「プレイングマネージャー」だった彼は、自らに営業としての数字を課しながら管理職をこなしていました。私がいた支店は営業マンが十人の所帯でしたので、いつも支店長は自分のことを「十一番目の営業マン」と言っていました。
私は支店長の営業スキルはチームの中でも突出していると感じていましたが、成績は決してナンバーワンではありませんでした。なぜなら、支店長は自分が獲得した仕事を部下に振り分けていたからです。

管理職とはいえ、本来なら自分の数字も大切なはずです。またクライアントとしても仕事のできる支店長に担当してもらいたいのは当然のことです。
しかし、彼は当時入社1年目の私を同行させてクライアントに「御社はこの松尾が担当させていただきます。彼は私と同じサービスを提供いたします。それに、私よりも若いので使い勝手がいいですよ」と、クライアントも私もモチベーションの上がる華麗な引継ぎをしてくれました。

支店長はその気になればナンバーワン営業マンになることも容易だったはずです。しかし、そのことを私が尋ねると、彼は言いました。

「僕はプレイングマネージャーとして、君たち同様、個人の数字も上から求められている。けれど、僕は同時にここのトップの支店長でもあるから、みんなの数字が上がってもらわないと管理職として評価されない。だから、自分のお客さんも君たちに引き継ぎ、そしてしっかりと仕事も教える。そう、松尾ももっと伸びてもらわないと困るんだよ」

そのときはただ「大変ですね」としか言えませんでしたが、私が上司のあるべき姿や、教えることの重要さに気づいたのは、この出来事がきっかけだったように思います。**上司には、自分が受け持つ部署全体を見通す視野が必要です。**自分はプレイヤーとしての実績を上げているから、部下のことはどうでもいいという姿勢では、人の上に立つ資格があるとは言えないでしょう。

Point

「人の上に立つ＝下を教える責任がある」と心得よ。

教えることに「ギブ・アンド・テイク」を求めるな！

「ギブ・アンド・テイク」という言葉は誰もが聞いたことがあると思います。端的に言えば、「あなたに与えたのだから、私にも見返りをくださいね」ということです。

この言葉・考え方は対等な立場同士なら問題ないと思います。しかし、もしも、「教える・教わる」という間柄において「ギブ・アンド・テイク」の関係を求めている人がいるとすれば、考えを改めたほうがいいでしょう。

教わる側にとっては、テイク（見返り）を要求されていると少しでも感じたとたん、教えを受けることが「負担」になってしまいかねません。**教えるという行為は、最終的には**

教えた側（自分）に何らかのリターンがあるものです。しかし、そのリターンは相手が自発的に「お世話になったのだからお返ししたい」という思いによって最大になるのであって、「教えたのだから結果を出せ」とリターンを強いてしまうのは、どう考えても得策ではありません。

私は「教える」ことの前提として、**「教えた相手に知識やノウハウが身についた」という時点で、教える側はいったん満足すべき**だと考えています。理由は教える側、つまりあなた自身が、教えたことによって、タイムラグはあっても必ず評価されるからです。

たとえば部下が五人いれば、あなたが教えることにより、それぞれの部下は結果を出すことでしょう。そうすれば、自ずと上司であるあなたの評価は上がるのですから、むしろ、「教わってくれてありがとう」というスタンスでもいいぐらいです。

道端で偶然出会った若者に自分の知識やスキルを教えることがないように、ビジネスにおいて、まったく見返りがない人に物を教えるということは、まずありません。だからこそ、「ギブ・アンド・テイク」ではなく、「ギブ・ギブ・ギブ」の精神でいいのです。

部下が教わったことを実践して結果を出したとき、「これは君の手柄だな」と相手に花を持たせることができるのが、教え上手な上司の典型です。そして、教え方の上手な上司は、次々と部下を伸ばすので、会社から重宝され、出世も早いのです。

Point

教えるときには「ギブ・ギブ・ギブ」の精神を忘れずに。

教えることは最高の「勉強法」

私たちは、自分の頭でしっかり整理できていない情報を人に教えることはできません。

言い換えれば自分が完全に理解していることのみ、人に教えられるということです。

また、教える機会が多ければ多いほど、教える側に知識が定着し、その分野における自信にもつながります。


私自身、セミナープロデューサーとして「セミナーを開催するノウハウ」を教える仕事をしているのですが、講演を重ねるたびに、「自分が一番勉強になっている」と実感しています。

というのも、普段何気なく行なっている行為を相手にわかりやすく教えるためには、すべての記憶を呼び戻して体系化させなくてはなりません。そして、それを教わる側である受講者がわかる言葉に置き換える（変換作業をする）ことで、初めて理解していただけるのです。**教えることは、「知識の棚卸作業」**だと言えるでしょう。

加えて、セミナーや講演を重ねる上で、より伝わる講義にするために、話す内容や身振り手振りなどを取捨選択する必要もあります。そのすべてが私にとっては重要な「学び」です。

私以外の例では、大学生が中学生の家庭教師をすると頭がよくなる、という話を聞いたことがあります。理由は、教える側である大学生自身が、中学校の勉強をもう一度おさらいしなくてはいけないからだそうです。

大学生になって、中学時代の勉強をやり直す機会は滅多にありません。その意味で、方程式や英文法の基礎部分を学び直すことは貴重な体験なのです。

教えることのメリット

❶ 相手にわかりやすいよう、自分のノウハウを整理するため、それが「知識の棚卸作業」になる

❷ 他人にどう教えるか、その伝え方を考えることが、自分自身の「学び」につながる

❸ 新人に教えることで、自分が忘れていた基本的な事項を復習できる

これをビジネスの例に置き換えてみましょう。

たとえば、ベテラン社員が新人のマナー研修を担当すれば、自身がもう一度、社会人として必要なビジネスマナーの基礎を学び直すきっかけになります。

新人は名刺の受け渡しや電話対応など、社内で一番丁寧なケースが多々あります。長年社会人生活を積み重ね、慣れや習慣によってマナーの基礎が抜け落ちてしまったベテラン社員も、彼らに**教えることで初心に立ち返る**ことができるのです。

教わる側より教える側が本気で勉強しなければ、わかりやすく人に教えることはできません。何より自分にとって「基本のキ」から学び直せる絶好の勉強の機会を大事にしたいものです。

Point

人に教えることで一番学べるのは自分自身である。

「仕事のDNA」を次世代に伝えよう！

本章の最後に、少しスケールの大きな話をしましょう。

リクルート創業者の江副浩正氏が書かれた『リクルートのDNA』（角川書店）という本が少し前にベストセラーになりましたが、リクルートという企業は、まさに江副さんの「ベンチャースピリッツ」というDNAを受け継いだ会社だと言えます。

一部上場企業になっても個々の社員がベンチャースピリッツを持てるのは、「江副さんのDNA」が同社に浸透しているためでしょう。

また、他の会社がよい人材を辞めさせないようにあれこれ施策を講じる中、リクルートは終身雇用を破壊した最初の企業だと私は考えています。しかし、だからといって人材が枯渇することなく、逆にいつも活きのいい社員が在籍する成長企業であり続けています。

優秀なリクルート社員は、退社後も「元リクルート」というブランドのもと、ワンランク高いステージに上り、ビジネス界で活躍しています。また、一般的には履歴書にリクルートの勤務実績があることはマイナスにならず、むしろプラスに評価されることのほうが多いと、ある企業の人事関係者から聞いたこともあります。

このリクルートの例のように、私は自分が経営するネクストサービスにも同じようなDNAを浸透させたいと思っています。もしも社員が退職するときには、どんな業界でも通用する人材となって、堂々と新しい道を歩んでもらいたい。だからこそ社員が成長するまでは、私自身の「**仕事のDNA**」を伝えるために教え続けます。

そして、ネクストサービスのDNAを持った人間が独立したり他社で活躍したりする機会が増えれば、リクルートと同様に、さらに教えがいのある優秀な社員が当社に集まってくると信じています。

また、**「仕事のＤＮＡ」を受け継いだ人材はたとえ職場が変わっても、横の連携がとれるビジネスパートナーとなりえます。**たとえば独立した社員が元の会社とコラボレーションできるビジネスを提案するかもしれませんし、業務を依頼してくるかもしれません。

これは、同じＤＮＡを共有していてスムーズな意思疎通ができるという狙いもあるでしょうが、それ以前に仕事を教えてもらった感謝の気持ちの表われもあるでしょう。しかし教える相手にとって、嫌々ではなく、きちんと納得できる教え方をしなくては感謝の念は起こりません。だからこそ、中・長期のことも考えて、リーダーは「教え方」を学ばなければならないのです。

Point

「仕事のＤＮＡ」を伝え続ければ、組織はぐんぐん成長する。

第1章のまとめ

「教える」ことの重要性を知り、具体的な「教え方」のコツを学べば、組織の成長につながる「教えの連鎖」を巻き起こせる。

教えるより自分でやるほうが早い、というのはあまりに短期的な見方。中・長期的な視点で見れば、教えることで自分の時間は増える。

現代は「スピード最優先時代」。教えることで「自分の分身」を作り、仕事のトータルなスピードアップを目指そう。

自分の結果だけを追い続ける人間は、人の上には立てない。上司たるもの、教えることに時間を費やそう。

「ギブ・アンド・テイク」を押しつけては、教わる側が負担に思う。教える側は「ギブ・ギブ・ギブ」の精神を大切に。

教えることで、知っていると思い込んでいるノウハウを整理できる。
一番学べるのは教える人間自身なのだ。
教えることは「仕事のＤＮＡ」を伝えること。
同じＤＮＡを共有する人間は、後々ビジネスパートナーにもなりうる。

第2章

部下を「一人前」に育てる教え方の基本

本章では部下を1対1で教える際のテクニックをご紹介します。この章で学ぶことは、すべての教え方の「基本」です。中には当たり前だと思う手法もあるかもしれませんが、油断しないで確実にマスターしてください。

一度に教えるポイントは3つまで

あなたが初めての知識やスキルを学ぶとき、それを教えてくれる指導者が一度に5つも6つもポイントを挙げてきたら、どう思いますか？

小学生が学校で算数を習うときのことを考えてみましょう。このとき、最初は足し算を習い、それがしっかり理解できてから引き算、そしてかけ算、割り算と少しずつ学習が進んでいくはずです。いきなり「今日一日で足し算から割り算まで教えます！」では、教わる気がなくなってしまうでしょう。

これは大人を指導するときでも同じです。

私の経験上、**一度に教えるポイントは多くても3つまで**です。相手の理解力や意欲によっては、1つの大事なポイントを教えるのが精一杯ということもあるでしょう。

また、あなた自身が「教え方のスペシャリスト」ならば複数の大事なポイントを同時に教えることができるかもしれませんが、教えるスキルがあまりない状態では、一度に多くのことを伝えるのはやめたほうが無難です。

営業の教え方を例に説明してみます。

たとえば、新入社員に営業のやり方を教えるとするならば、大雑把に言うと「自分で訪問先を見つけ、営業して、売上を上げる」というのが全体の流れでしょう。しかし、これを細分化すると何十ものポイントに分けることができます。

ここで、新規開拓の方法やアポイントの取り方から始まる一連の流れを説明して、「では、やってみなさい」とするのは完全なＮＧです。先述したように、それではポイントが多すぎるのです。

こういう場合、最初は「訪問先で担当者の名刺をもらう」ことをゴールにしてみてはいかがでしょうか。もちろん、ただ名刺を受け取るだけでなく、初対面の方への「あいさつの仕方」「名刺交換のマナー」「名刺から読み取れる情報（部署や役職など）を用いた会話の仕方」の3つを詳しく教えるのです。

これによって、教えられる側は「ただの名刺交換にも1つひとつの行動に深い意味がある」と感じることでしょう。場合によっては、営業役・顧客役をそれぞれ演じさせる「ロールプレイング」の手法で教えても効果が期待できます。

このように、**細分化し、ポイントを絞り込んで教えることで、基本がしっかり身につき、その後応用が利きやすくなります。**

名刺交換がしっかりできるようになれば次のステップです。すなわち「名刺交換した人に電話をかけ次のアポイントをとる方法」を教えるのです。名刺交換と同じように「電話でのあいさつ」「アポイントをとる流れ」「資料の準備」というように教える内容を細分化

教える内容は細分化する

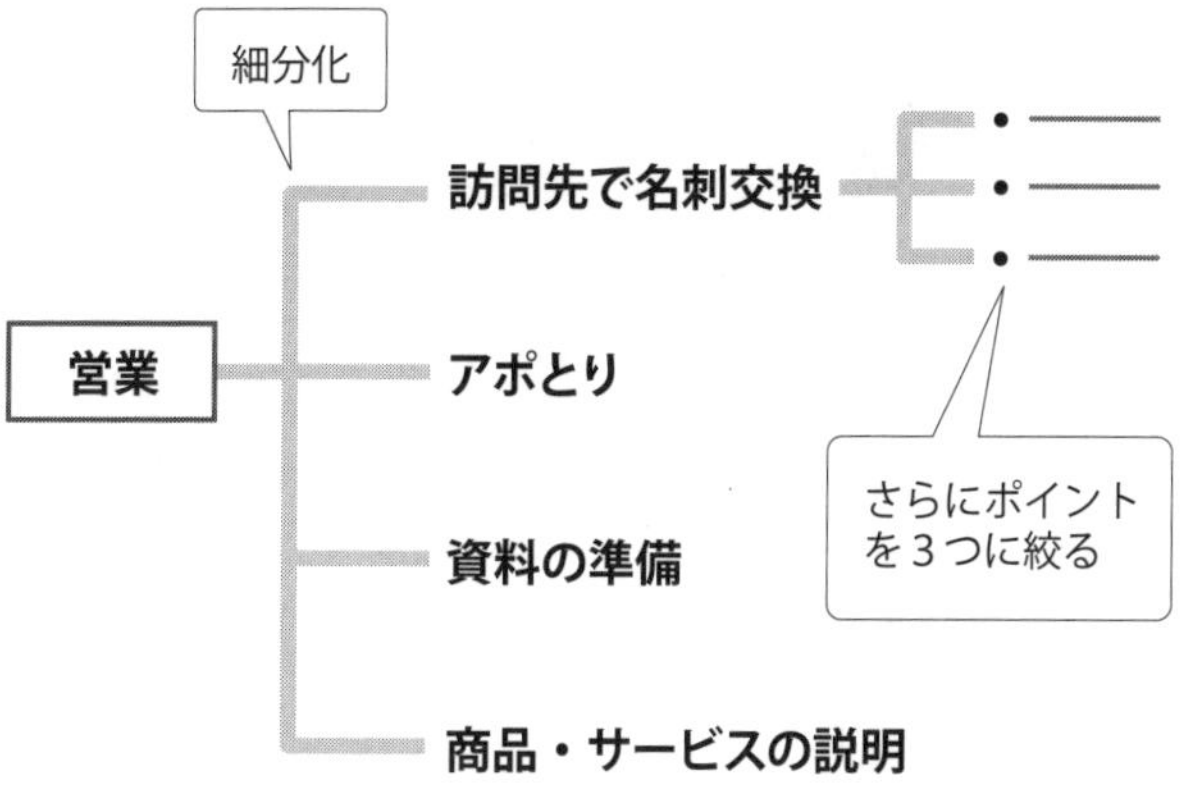

するといいでしょう。

このように、教える内容のハードルを少しずつ上げていけば、教える側も教わる側も無理がなく、ストレスも感じることが少ないでしょう。

もちろん、新入社員と即戦力として入社してきた中途入社の人材では経験・スキルがまったく違いますので、相手の知識や経験レベルに合わせて教える内容・ポイントを選ぶ必要があります。

ただし、相手が優秀な人材だからといって、一度に3つよりも新しいことを教えることは避けたほうがいいでしょう。

また、教える側には教えた責任が発生します。つまり、教えたら教えっ放しではなく、相手がしっかり理解できているか確認しなくてはいけません。

そう考えると、**一度に多くのポイントを相手に教えるのは「自分の首を絞める行為」**だとも言えるのです。教える側・教わる側、両方のことを思って、教えるポイントは3つまでを厳守しましょう。

Point

教える内容を細分化し、ポイントを3つに絞れば伝わりやすい。

大事なポイントは、くどいくらい繰り返して伝える

突然ですが、あなたの学生時代を思い出してください。授業中、先生の話を集中して聞ける人がどれほどいたでしょうか？

もしも、生徒全員が抜群の集中力で先生の話を聞いていたなら、そのクラスのテストの平均点はとても高かったことでしょう。しかし、学校にもよるでしょうが、実際にはそういケースは少ないはずです。授業中にもかかわらず他のことを考えていたり、教科書に落書きしていたり、誰かとヒソヒソおしゃべりをしていたり…。みんなが必ずしも集中して教わっているとは限らないのが現実です。

これは、あなたが部下に教える際にも、注意すべき点です。こんなことを言うと、会社にはそこまで集中力の欠けた人間はいない、とお叱りを受けるかもしれません。しかし、さすがに落書きや私語はしないまでも、上司の話を神妙に聞いているようで、頭の中では別のことを考えている部下は珍しくもないのではありませんか?

では、相手が集中していないということを前提にしたとき、どんな教え方をすれば、効果的なのでしょう。結論から言うと、**大事なポイントを何度も繰り返し説明するやり方が有効**です。

先述した通り、まずは教えるポイントを絞り、それについて何度も話すことで、集中力に欠けた相手にも大事な点を伝えることができます。

人気テレビドラマ「渡る世間は鬼ばかり」の脚本を書かれている橋田壽賀子さんは、「私は〝くどい〟くらい同じ意味のセリフを台本に書いている」と言います。

その理由は「多くの視聴者はそんなに真剣にテレビを見ているわけでなく、大体は何か

大事なポイントは繰り返す

❶「会話」で繰り返す

大事なポイントはくどいくらい繰り返して説明する。ときには表現を変える工夫も。

❷「紙」で繰り返す

口頭での説明のあとは、回覧文書、社内掲示などを使って復習する。

しながらテレビを見ているから」とある集まりでお話をされたそうですが、私たち教える側も「くどい」くらい大事なポイントを繰り返すべきなのです。

ただし、ここで注意したいのは、限られたポイントを何度も繰り返し話すと、相手から「しつこい」と思われ、かえって集中力が下がる危険があることです。そうならないためにも、**同じ内容・ポイントを話しながらも、その表現をときには変える工夫も必要**かもしれません。

「何度も表現を変えて説明する」とい

う意味では、「紙」をツールとして使ってもいいでしょう。たとえば、前日教えた内容を、書類の回覧や、社内掲示板等に貼り出すなどして、復習するのです。

これらの教え方を実践すれば、最低限覚えて欲しいポイントだけでも、部下の頭に定着するはずです。

そういう努力もせずに、部下に対して「この前教えたばかりなのに、何で覚えていないんだ！」と怒鳴りつけたりするのは、教える側の怠慢なのです。

Point

大事なポイントは繰り返して伝え、後日「紙」で復習しよう。

大事なポイントを強調する「間」の使い方

大事なポイントを伝えやすくするためのノウハウを、あと1つだけお教えしましょう。

キーワードは「**間**」です。

コミュニケーションが下手な人の特徴に、「間」の使い方がよくない点が挙げられます。しゃべり方に強弱をつけず、ずっと同じ調子で話してしまう。大事なことを話すときについつい早口になってしまう。これでは、大事なポイントが流されてしまいがちです。

「間のスペシャリスト」の一人に元首相の小泉純一郎氏がいます。

2001年の大相撲の夏場所、当時横綱だった貴乃花が負傷をおして劇的な優勝を飾ったときの表彰式。小泉氏は「痛みに耐えてよく頑張った…」と言った後、しばし間を置き、カメラを引き付けておいて「感動した！」の名台詞を残しました。この光景は覚えている人も多いでしょう。

もしもこのとき、小泉氏がリズムも間もなく「痛みに耐えてよく頑張った、感動した」と言っていたのなら、その後のマスコミの取り上げ方も、少し違っていたのではないかと思います。

「間」の上手な使い方をもう一例挙げましょう。

小学校の授業中にザワザワしている生徒に対して、新米の先生は「静かにしなさい！」と大声を張り上げ、かえって場を騒がしくしてしまいがちです。一方、ベテランの先生は黙って壇上に立ち、沈黙します。このある種不気味な「間」が、生徒自身に「静かにしなくてはまずい」と気づかせ、騒ぎを収めるのです。

このように、間や沈黙をうまく操ることで、相手の注目はあなたに集まります。

これを、教え方に応用していきましょう。**大事なポイントを教えるときは、あえてその前に「間」をとる。**たとえば、「お客様とのアポをとるときのポイントは3つあります。1つ目は…」で、いったん沈黙し、その後、大事なポイントをはっきり伝えるのです。

ただし、私が見る限り、間や沈黙を作ることが苦手な人は多いです。会話の中に間や沈黙の時間を挟むことが怖く、耐えられないのでしょう。

しかし、部下に対して効果的な教え方をしたいのであれば、間と沈黙の恐怖に勝ち、それこそ、その時間を楽しむくらいの余裕を持たなくてはいけません。そのためにも、大切なことを話す前は「3秒、間を置く」、キーになるポイントを話す前は「1秒、間を置く」などの自分ルールを決めて、積極的に「間」の力を利用していきましょう。

Point

大事なポイントを話す前には、あえて「間」を置いてみる。

教える前に相手のレベルを見極める

先ほど、相手の知識や経験レベルに合わせて、教える内容・ポイントを選ぶ必要があると言いました。そのためには、当然ですが、相手のレベルの見極めをしなくてはなりません。相手のレベルを見極めるためには、次の2つの方法が有効です。

- **教える内容についての作業をやらせてみる**
- **教える内容についての知識を聞いてみる**

たとえば、パソコンのエクセルを使った表の作成を教えたいときは、最初にその作業をやらせてみましょう。

人によっては、いきなりこちらが求めるレベルのことができる場合もあるかもしれません。その場合は、さらに上のレベルのことを教えるか、そのレベルの仕事をどんどん任せましょう。一方、こちらが最低限これだけはできるだろうと思っていたレベルでつまずいた場合は、教える内容を「下方修正」します。

また、教える内容によっては、すぐ実演してもらうのが難しい場合もあるでしょう。その際は、教える内容についての知識を聞いたり、その作業手順を相手に説明させることで、教わる側のレベルがある程度把握できるはずです。

ここで注意したいのは、教わる側が、自分の知っていないことをあたかも知っているかのように言う場合があることです。そんなことをしても、困るのは結局教わる側なのですが、自分が知らないことを認めるのが恥ずかしいのか、そういうことをする人がたまにいます。

相手の説明があやふやだと感じたときは、遠慮なく突っ込み、本当のレベルを確かめましょう。それをせずに、相手のレベル以上のことを教えても、後日教え直す必要が生じるだけです。

ただし、もし、相手が自分の期待しているレベル以下の知識や経験しかないとわかったときも、(相手が経歴を詐称していたケースでもない限り)そのことで非難したりするのは慎みましょう。

教える側に立つ人間は、常にわからない人やできない人のことを考え、レベルを下げてでも相手が納得するまで教えることを心がけるべきなのです。

Point

「やらせる」「聞いてみる」で相手のレベルを事前に把握しよう。

相手のレベルの見極め方

❶ 教える内容についての作業をやらせてみる

相手に十分な知識・経験があれば実行できる。
相手に知識・経験が足りなければ、どこかの段階でつまずく。

❷ 教える内容についての知識を聞いてみる

相手に十分な知識・経験があれば、話が通じる。そうでない場合、説明が不十分になる。

・相手のレベルが予想より高い場合

さらに上のレベルのことを教えるか、そのレベルの仕事をすぐに任せる。

・相手のレベルが予想より低い場合

教える内容を見直し、レベルを下げる。

専門用語はできるだけ使わない

新入社員や経験が浅い部下に対して教える際、注意したいのが「言葉の使い方」です。たとえば、自分が普段何気なく使っている専門用語が、教わる側にとっては「非日常的な言語」である可能性があります。先ほどの話にもつながりますが、相手のレベルに合わせた言葉の使い方をしなくては、教わる内容以前に言葉の問題で、相手がつまずいてしまうこともありえます。

そうならないためにも、**専門用語を使うのはできるだけ避け、誰でもわかる言葉で噛み砕いて説明する必要がある**のです。

もちろん、教える内容によっては、専門用語を使わないと話がなかなか進まないという場合もあるでしょう。また、教えた内容を実践し、本人が成長していくためにも、最低限覚えて欲しい用語もあるかもしれません。そういうケースでは、それらの言葉の意味を相手がよく理解するまで説明するのが大切です。

このとき、教える前にあらかじめ「**用語集**」を用意するというテクニックがあります。専門用語とその意味をまとめた一覧を事前に渡し、相手が予習をしてくれば、効率よく教えられますし、教わる側の理解も深まります。

ただし、これもあまりに数が多いと逆効果ですので、これだけは押さえておきたい用語を厳選することが望ましいでしょう。

Point

専門用語を使うのは避け、大事な言葉は「用語集」でフォローする。

「たとえ話」は魔法のツール

自分にとって未知の分野の知識・スキルを学ぶとき、たいていの人は「とっつきにくい」とか「敷居が高い」と思うのではないでしょうか。たとえば「営業トークと顧客心理の関係」といったテーマで新人営業マンに教える場合、相手は「何だか難しそうな話だなぁ」と感じてしまい、興味が持ちにくいかもしれません。

このようなケースでは、「**たとえ話**」を使うことがとても有効です。大げさかもしれませんが、私は、たとえ話は教える側にとっての「魔法のツール」だと思っています。

先ほどの例なら、営業マンと顧客の関係を（不謹慎かもしれませんが）ナンパにたとえ、「営業トーク」が各場面でどのような役割を果たすのか説明すると興味がわきやすいでしょう。また、もしも「会社組織のあり方」のようなテーマを教える場合は、野球やサッカーのチームプレーを引き合いに出して、各部署の連携について話せばイメージもわきやすいはずです。

たとえ話を使う場合に、1つ注意したいことがあります。それは、**「何」にたとえるか**、です。たとえば、多くの人が知っている芸能界の話になぞらえれば、比較的伝わりやすいでしょう。

次に挙げるのは、私が実際に企業研修の場で、社会人としての礼儀やマナーの大切さを教えたときのたとえ話です。

「ある芸能人の方は、まだ若く、とても売れているときから、まわりのスタッフ全員に気を配り、毎回しっかりと挨拶をして、盆暮れ正月の礼も欠かさなかったそうです。その結果、当時ＡＤ（アシスタントディレクター）だった現場の人たちが出世してディレクターなどになり、出演者の選択権を持つようになったとき、その方をこぞって起用するようになったのだとか。芸能界のような一種、特殊技能である『芸』が求められる世界であっても礼儀やマナーがこれほど重視され、またその後の命運を決めかねないのです。私たちビジネスマンは、芸能人以上に礼儀・マナーに気をつけるべきでしょう」

みなさん、普段見慣れているテレビの話を引き合いに出したからか、非常に納得して私の話を聞いてくださいました。

一方、たとえ話の題材をあまり偏ったものに求めてはいけません。自分の趣味などから題材を選択する人がいますが、これは考え物です。

たとえば、釣りが趣味だからといって、「この作業にはヘラブナ釣りのような集中力が必要だ」と言っても、ピンとこない人のほうが多いでしょう。教わる側の生活環境や趣味、興味の対象にマッチしなければ相手に伝わらないのです。

ですから、**普段から教わる側とコミュニケーションをとって相手にとってわかりやすい題材を探ったり、テレビや雑誌などで広く情報を収集したりする**などの努力も、教える側には必要でしょう。

教える際に、効果的な「たとえ話」がスッと出てくるために、その引き出しを多く持つように心がけましょう。

Point

適切なたとえ話を使えば、未知のことでもイメージしやすい。

わからない部分が出てきたら、そのままにしない

上司という立場上、ときには自分が詳しくない分野のことも教えなくてはいけない場合もあるでしょう。また、普段わかっているつもりのことでも、いざ人に教えようとすると、うまく説明できない部分も出てきたりします。

そんなとき、一番気をつけなければいけないのは、**「わからないことはわからない」と認めて、決して知ったかぶりをしないこと**です。

教える側の上司が、わからないことがあるのを認めるなんて恥ずかしい、と思う人もいるでしょう。しかし、もしも、あやふやな知識のまま、事実に反したことを部下に教えてしまったら、そちらのほうがよほど恥ずべきことでしょう。

わからない問題に直面したときは、勇気を出して「これは私もわからないことだから、あとで調べて伝えます」と言ったり、近くのわかる人に、その場で教えてもらうことです。それをしないで、間違いを教えてしまうと、上司としての信用が一瞬で失われる恐れがあります。

また、もしも間違いを教えてしまい、後日それを指摘された場合は、（確認後）速やかに誤りを認めなくてはいけません。その場をとりつくろったり、「そんなことは言っていない」などと言い逃れをするようでは、この人から教わろうという部下は一人もいなくなってしまうでしょう。

Point

教える側は決して知ったかぶりをしないこと。

部下の反応が悪くてもあせらない

一生懸命教えているのに、部下の反応がいまいちよくない。こんなとき、自分の教え方がまずかったのだろうか、と心配する人もいるかもしれません。しかし、ここで「自分は教え下手なんだ」と悲観的になるのは早過ぎます。反応がないからといって、相手が理解していないとは限りませんし、逆にリアクションはいいのに、実際には大事なことがわかっていなかった、ということもありえます。

私自身、（経営者となった今、上司から教わる機会はありませんが）人のセミナーや講演会で教えを受ける際、集中しすぎて、うなずきなどもせず、腕を組んでただ講師を凝視していることがあります。

効果的なノート・メモのとり方

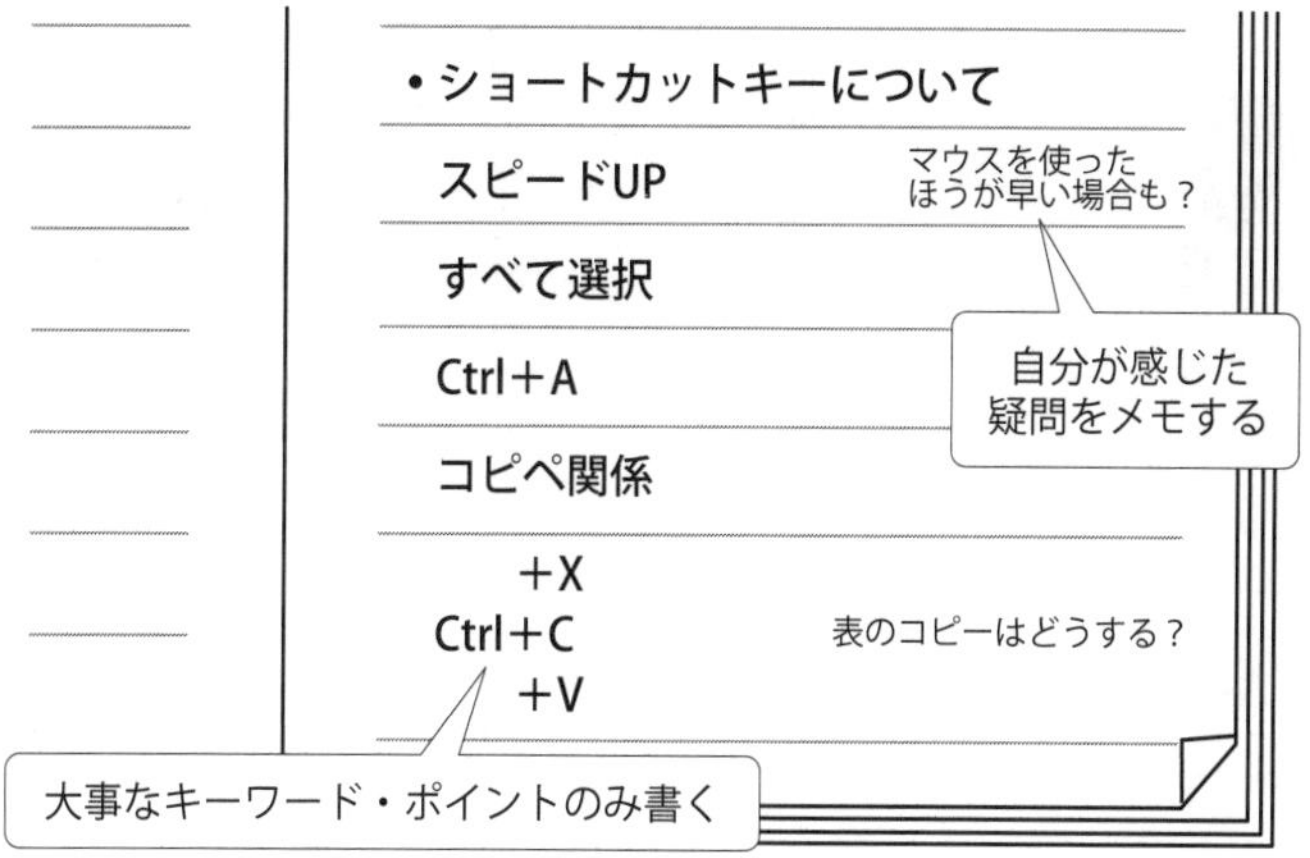

つまり、**学習中のリアクションだけでは、相手の理解度を測ることはできない**ということです。真剣に聞いているからこそ反応が薄い場合もあるのですから、相手の態度に一喜一憂し過ぎないよう注意してください。

ただし、教える側のモチベーションを上げるという意味では、やはり何らかの反応が欲しいと思う方がいるかもしれません。

そういう場合は、（教える内容にもよりけりですが）部下にノートやメモをとらせるといいでしょう。教わる側がしっかり記録をとっていると、教える側もこちらの話をちゃんと聞いてもらっているという安心感を覚えます。

これは「学び方」の範疇に入ることですが、大切なので、ノートやメモのとり方についてもふれます（前ページの図参照）。基本は教わった内容を一字一句書き留めないことです。正確な記録にこだわると、ノートやメモにばかり注意がいき、かえって大事なポイントを記憶しそこねることになります。

また、教わったこと以外にも、理解できない点や感じた疑問をしっかりメモするのも大事です。**学ぶということは「何がわかり、何がわからないのか」を認識する行為**ですから、自分の理解度を把握し、場合によっては質問するためにも、「自分がわからなかったこと」を記録する大切さを、上司は部下に教えてください。

Point

部下の反応が欲しければ、ノートやメモをとらせよう。

質問がないからといって、安心してはいけない

先ほど、部下の反応がなくても、教え方が悪いとは限らないと言いました。しかし、教える最中や教え終わったあと、「質問がない」場合は要注意です。なぜなら、**「質問がない」からといって「みなが教えた内容を理解している」とは限らない**からです。

私の学生時代を振り返ってみると、授業中に質問する人は成績がよかった人ばかりでした。それは教わった内容をそれなりに理解しているからこそ、「自分の消化不良な点」がわかり、そこを具体的に聞くことができるのです。

つまり、**質問をする人は「自分がどこまでわかり、どこから理解できないのか把握しているレベル」の人**なのです。

ですから、**質問がない状態は、むしろ「よくわからなかったから質問すらできない」**という可能性もありえます。

こういった事情をふまえて考えると、「質問がない＝理解した」とは言い切れないのがご理解いただけたかと思います。あなたが部下に何かを教えた際、質問がないからといって安心しないことです。

また、内容は大体理解したけれど、多くのことを一度に学んだため頭の中が整理できず、「どこの部分に関して質問すればいいのかわからない」という人もいるはずです。

そのようなときには、「質問の内容を絞る」というテクニックを使います。具体的には、「今日は〇〇の点について重点的に話したけれど、ここでの質問はない？」という聞き方をするのです。あるいは、重要なポイントを話すつど、「これまで話したことで何か質問はない？」と聞いてもいいでしょう。

最後に、「**質問するには、それなりに勇気がいる**」ということを、教える側もあらかじめ理解しておくべきです。実際に「質問するのは恥ずかしいこと」と感じる人も少なくないのです。だからこそ、相手が質問しやすい雰囲気を作るのが大切です。

「どんなささいなことでも気軽に聞いてね」とか「質問がないと、かえって僕が不安だから」と、質問の重要性を訴えましょう。

そして、勇気を出して質問した人には「これはよい質問だね」「そこは大事なポイントなんだよね」などと、質問の意義を認め、説明することで、教える内容が相手に定着するはずです。

Point

質問がないのは理解不十分の場合も。質問が出やすい雰囲気を作ろう。

部下が実行する際には、一切口を出さない

今まで述べてきたポイントをもとに教えたことは、最終的に部下によって実行されます。私たち教える側は、社内社外を問わず、その成果を確認する義務があります。では、部下の実行をチェックする際、どんなところに注意をすればいいのでしょうか？　取引先への営業同行を例に説明しましょう。

営業同行をするとき、部下による商品やサービスについての説明不足を、その場ですぐにフォローする上司がいます。しかし、クライアントの目の前で毎回のように助け舟を出してしまうとしたら、それは部下の成長を妨げる行為に他なりません。

もちろん、ずっと同じペアで仕事をしていくのなら、それはそれでいいのかもしれませんが、実際にはそういうケースは少ないでしょう。

それに、教える側が毎回フォローをするということは、ずっと先生が必要な生徒を作るようなものです。そもそも、部下を独り立ちさせることが「教える目的」なのですから、過度のフォローは慎むべきです。

その意味で、**教育期間のうちは一連の仕事を一通り黙って見ていることも、教える側の役目**と言えるでしょう。そして、**毎回少しずつハードルの高い仕事を用意して一人でやらせてみる**のです。そうすれば仕事の辛さや難しさ、失敗したときの恥ずかしさなどを、リアルに体験することになります。

一人前の営業マンを育てるならば、次ページのようなステップが望ましいでしょう（また、このステップは他の仕事の教え方にも応用可能です）。

①同行し、まずは先輩である自分が営業するところを見せる

気づいたことや自分でも取り入れられそうなポイントを挙げさせる。これにより自分が営業するときのシミュレーションをさせる。

②同行し、営業の前半部分を部下に任せる

前回のシミュレーションをもとに、実際に前半部分の営業を担当させる。終了後に反省点を聞くとともに、よかった点と改善点を指摘する。

③同様に、営業の後半部分を部下に任せる

前半は上司である自分が話し、大切な後半部分をクロージングまで担当させる。

④一通りの営業をさせる

仕事を部分的に担当するのと、通して行なうのではずいぶん違うことを、あらかじめ伝えておく。そして、本人の経験のために自分（上司）は口を出さないことを告げ、黙って実践させる。

このように、仕事を教える際は、「**黙る我慢**」も必要です。口を挟みたくなる衝動を抑え、部下の一挙手一投足を見守りましょう。

余談ですが、私は常々、上司には「我慢」が必要なのではないかと思っています。部下の仕事に口出しをしてしまう人はもちろん、仕事を教えるくらいなら自分でやったほうが早いという人も、同様に我慢が足りないのです。

人を育てるのは「我慢」の繰り返しなのだと心得ましょう。

Point

部下を育てるために、
上司は「黙る我慢」を覚えよう。

評価は「よかったこと→悪かったこと」の順に行なう

部下の実行を見守ったあと、上司は評価をしなくてはなりません。このとき、評価する内容の順番にも気を使う必要があります。

教えるというのは、経験が浅い人、言わば「経験弱者」が対象ですので、先に悪いところを指摘したら、その時点で教わる側のモチベーションがいちじるしく低下します。いえ、恐らく大部分の人は「駄目だ」から入ったら、その先の話を聞きたくないはずです。

ですから、**評価はまず「よかったこと」を話し、そのあとに「悪かったこと」を指摘する**必要があります。どんなささいな部分でもいいのでほめ、相手が聞く耳を持ったことを確認してから、大切な注意点を説明するようにしましょう。

とはいえ、ときには、ほめる部分がまったく見つからない場合もあるでしょう。このときは、こじつけでも何でも構いません。たとえば、営業同行の際、部下の説明が的外れだったとしても、「一人でよく話せたね」とほめるところから入ればいいのです。

これは決して部下のご機嫌伺いではありません。部下のモチベーションを高め、その後のアドバイスを受け入れさせるためにも大切なプロセスです。また、今までほめられた経験の少ない人であればあるほど、ほめられることで、教える相手の話に素直に耳を傾けてくれます。

次に、「よかったこと」と「悪かったこと」、それぞれを伝える比率について考えましょう。私の経験では、次に挙げる比率がベストです。

よかったこと：悪かったこと＝1：1〜3

つまり、「よかったこと」を1つ伝えたら、「悪かったこと」は多くても3つまでしか伝えない、ということです。

人間、よい点を1つほめられても、そのあと悪い点を5つも6つも指摘されれば、ほめられたことはほとんど記憶に残らず、モチベーションもアップしません。また、仮に5、6か所悪いところがあったとしても、それらを一度に全部改善することは難しいでしょう。ですから、早急に改善すべき点は多くても3つまでに絞るべきです。

繰り返しますが、評価をするときは「よかったこと→悪かったこと」の順番です。そして、「よかったこと」と「悪かったこと」の比率にも十分注意しましょう。

Point
「よかったこと」から評価すれば、教わる側のモチベーションが上がる。

教えたあとも「TACサイクル」を続けよう

教え方の基本について一連の流れを見てきましたが、ここで1つ注意しておきたいことがあります。それは、教えるという行為は、基本的には一回で完結するものではないということです。

もちろん、中には、一度教えただけで、仕事のコツをすべてつかんでしまう優秀な部下もいるかもしれません。しかし、そういう人材があなたの下に配属されることは、現実的には稀ではありませんか？

そのような事情を考えれば、私たちは**何度でも何度でも部下に繰り返し教える**べきでしょう。ポイントを絞り込んで部下に教え、その実行をチェックし、できていない点、さらに改善すべき点があれば再度教え、またチェックする…、こういったサイクルを続けることが、本物の教えなのです。

この一連の流れを、私は「TAC（ティーチ・アンド・チェック）サイクル」と呼んでいます。一度教えたあとも、部下の理解度、成長の度合いに合わせて、この「**TACサイクル**」を続けていきましょう。

問題は、どこでこのサイクルを終了させるかです。部下が自分一人でもある仕事をほぼ回せるようになったら、上司はその仕事について教えるのをやめ、「子離れ」しなくてはなりません。ただし、これは決して、部下に教える機会がなくなるというわけでなく、さらにハイレベルな仕事、責任の重い仕事を教えるための、一時停止の段階なのだと理解しましょう。上司が上司である限り、部下に教えることはなくならないのです。

Point

● 教えは一回では完結しない。「TACサイクル」で繰り返しチェックしよう。

TACサイクル

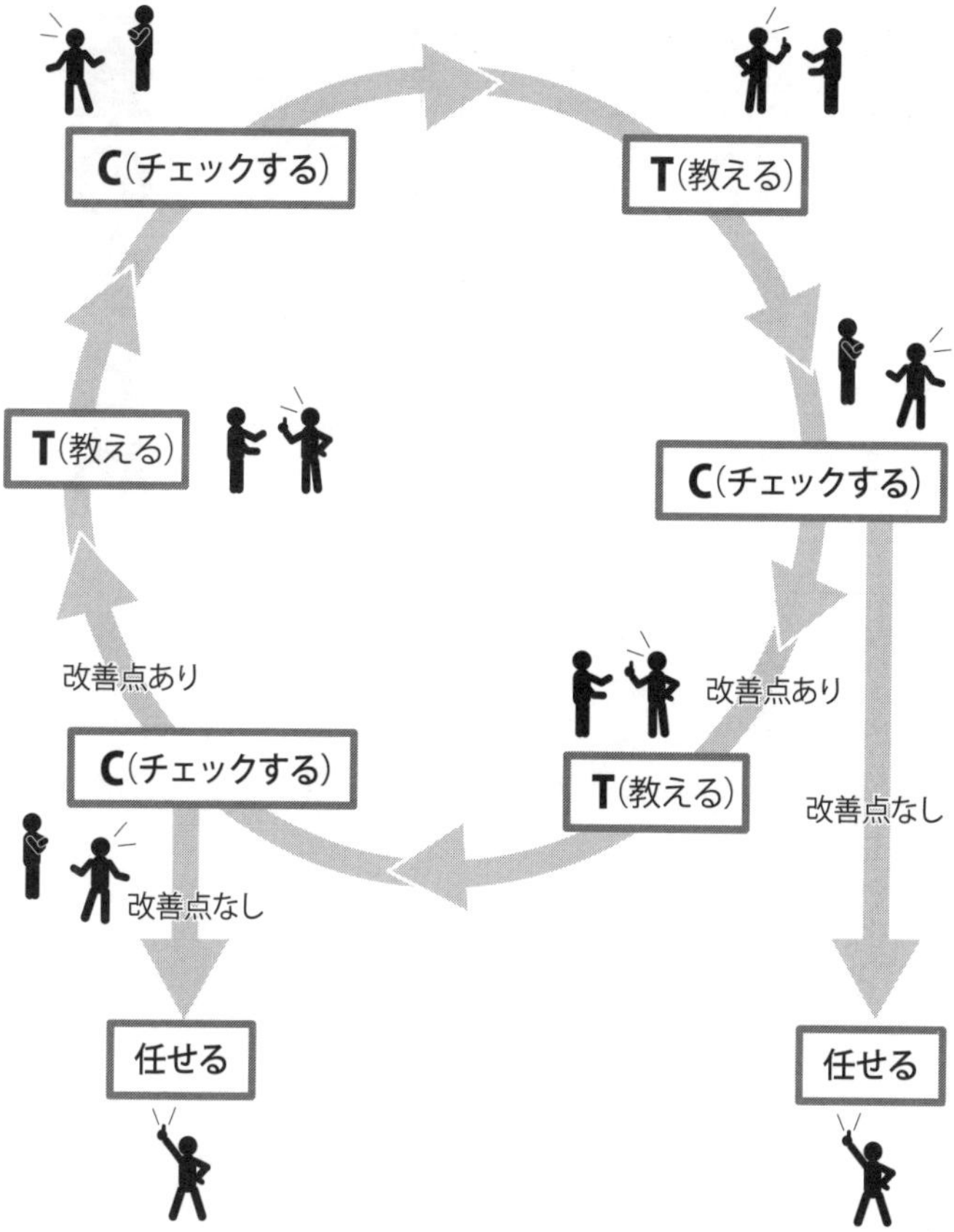
C(チェックする)
T(教える)
T(教える)
C(チェックする)
改善点あり
T(教える)
改善点あり
改善点なし
C(チェックする)
改善点なし
任せる
任せる

第2章のまとめ

教える内容は相手の知識・経験レベルに合わせ、できるだけ細分化し、重要なポイントは3つまで絞る。

部下には集中力がないことが大前提。大事なポイントは「くどい」と思われるくらい繰り返す。

大事なポイントを話す前には、あえて「間」をとる。間を何秒とるかは自分ルールとして決めておこう。

相手の知識・経験レベルを把握するには、教える内容について作業をやらせたり、知識を聞けばいい。

専門用語の多用は相手のつまずきの原因になりかねない。どうしても押さえるべき言葉は「用語集」にまとめる。

相手にとって未知の分野について教えるときは、
「たとえ話」を使ってイメージを喚起する。

知ったかぶりをしても何の得にもならない。
わからないことは調べたり、自分自身が他の人から教わろう。

部下の反応がよくないのは「教え方」のせいとは限らない。
逆に、「質問がない＝理解している」と思うのは間違い。

上司は「黙る我慢」で、部下の実行を見守り、
じょじょに課題のハードルを上げていこう。

評価は「よかったこと」からしないと、教わる側のやる気を奪う。
「よかったこと：悪かったこと＝１：３」の比率がベスト。

部下を育てるには、何度も何度も繰り返し教える必要がある。
成長度合いに合わせた「ＴＡＣサイクル」を続けよう。

第3章

部下の「自信」と「やる気」に火をつける教え方

部下のやる気や自信は、学ぶ意欲に影響します。部下をほめ、励まし、説得して、学びへのモチベーションを高めるのも、上司の大事な仕事です。部下の心理に基づいた、実践的な教え方のノウハウを見ていきましょう。

あなたの部下は「行動派」？「理論派」？

この章では、教え方の中でも、特に部下のやる気や自信を引き出すためのノウハウを紹介していきます。しかし、個々のノウハウの説明に移る前に、1つ知っておいてほしいことがあります。それは、あなたの部下には2つのタイプがいるということです。

部下には（正確には上司にも）、**すぐに動き出す「行動派」**と、**物事をしっかり考えてから行動に移る「理論派」**がいます。一例を挙げると、何か仕事を頼んだとき、あなたのリクエストに対しすぐに行動に移すのが「行動派」、「その仕事は何のためにするのか」を考えるのが「理論派」です。

両者を詳しく分析すると次ページのような傾向が見られます。

・行動派

「まず行動ありき」というポジティブな思考を持つ半面、悪く言えばあまり物事を深く考えない能天気な一面を持っています。たとえば「こうすれば売上が上がるからやりなさい」という言葉に「はい。やります！」と素直に答えて実践に入ります。このタイプは行動第一ですので、失敗しても「次、また頑張ればいい」と考えます（主に体育会の出身者に多く見られます）。

・理論派

物事をしっかりと考えてから行動したいと考えています。その反面、若干理屈っぽく、人の話に素直に耳を貸さない一面を持ち合わせています。ですから「こうすれば売上が上がるからやりなさい」という言葉で単純にモチベーションが上がるとは限りません。それどころか「なぜ売上が上がるのか？　本当によくなるのか？」という疑問を抱くことさえあります（主に理系の出身者に多く見られます）。

この傾向を見てもわかるように、**教える相手が「行動派」と「理論派」では、やる気の引き出し方も変える必要があります。**

「行動派」の部下であれば、教わることのメリット（金銭的インセンティブ、キャリアアップなど）を強調すること。「理論派」の部下にもメリットを強調するのは大切ですが、むしろ教わる内容とメリットの因果関係をきちんと説明することで、理論派の彼らを納得させることができます。

次項から紹介するノウハウは、行動派・理論派どちらにも効果的なものを集めたつもりですが、相手しだいで効果の程が変わってくるかもしれません。その際は、あなたの教えている部下が「行動派」なのか「理論派」なのかをふまえて、教え方を修正してみてください。

Point

部下は「行動派」か「理論派」かで、教え方を変えていこう。

教わることのメリットを明確に話す

相手が行動派であれ、理論派であれ、教わることのメリットを伝えるのは重要です。

そもそも、よほど時間とお金を持て余している人でもない限り、自分にメリットのないことを学びたいという人間はいないでしょう。

もし部下が、「なぜ、私がそれを教わらなくてはいけないのか?」と考え込んでしまうケースがあるとしたら、その原因の多くは指示者の説明不足にあります。相手が教わるメリットを見出せるような説明をしなくてはいけません。

たとえば、教える側が「今日はビジネスマナーについて教えます」と伝えても、教わる側が「なぜ今さら、マナーを教わらなくてはいけないのか?」と否定的な感情から入ってしまったら、学習効果も低下するでしょう。

こんなとき、「今は教わることが君の仕事だ!」と頭ごなしに言いたくなる気持ちもわかりますが、それで動くのは行動派の一部だけです。あまり得策ではありません。

こういう場合は、**あることを教わるメリットや必要性、さらには教わらないデメリットなどを、丁寧に伝える**ようにしてください。

特に新入社員など社会経験が浅い部下には、教わるメリットをできるだけ具体的に説明してあげるといいでしょう。

たとえば「この作業をマスターすれば無駄な残業をしなくてすむ」とか「この技術を身につけておけば、同期の営業マンより数字が20%上がる」などと言えば、本人のやる気に火をつけるはずです。

注意していただきたいのは、このメリットとデメリットはあくまで「教わる側」のもの

教わるメリットの例

- **キャリアアップ**（この仕事ができれば、昇格も可能）
- **スキルアップ**（この作業ができれば、仕事がもっと速くなる）
- **収入アップ**（このやり方で実績を上げれば、ボーナスも増える）

↓

相手のタイプに合わせ、
一番興味を持つメリットを強調する

だということです。

教える側としては「**教わらなくてもいいが、損をするのはあなた自身です**」という少し引いたスタンスを保ってください。これは上下関係を生み出すためではなく、教わる側の「**自ら学びたい！**」という気持ちを引き出すために必要なテクニックです。

余談になりますが、私は35歳のときにパソコンの勉強を始めました。

私がその年から新しいことを学び始めたのは、「インターネットを無視して、これからはビジネスができない」と直感的に感じたことと、「パソコンを覚え自分のものにすれば、今より仕事が何倍もはかどるはず」と考えたからです。

だからこそ、慣れないキーボード操作に悪戦苦闘しながらも、時間をかけて使い方を覚えていきました。

もしも私がパソコンを学ぶメリットを具体的に思い浮かべることができなかったら、あのとき、大変な思いまでして操作を学ばなかったことでしょう。**明確なメリットを描けたとき、人は自発的に「学びたい」と思うものなのです。**

Point

教わるメリットがわかれば、部下は自発的に学び出す。

「努力は必ず報われる」と信じ込ませる

教わることのメリットについては十分話したし、部下もそれを理解し真面目に教わっている。なのに、どうも結果がともなわない。そういう場合、部下のやる気に問題があるのかもしれません。

たとえば、やる気がない人は「努力をしても報われない」という先入観を持ちがちです。一方、「努力は必ず報われる」と考えている人は、常に高いモチベーションで行動することができます。

当たり前の話のように思えるかもしれませんが、これには深い意味があります。

当初は両者共に少なからず努力をしたはずです。しかし、その努力が報われず結果が出なかった時点で、「やっぱり駄目だ」とあきらめてしまう人と、「もう少し頑張ればうまくいくはずだ」と続ける人の間に差が出始めます。そして、その差はどんどん広がっていくのです。

では、「努力をしても報われない」と考える人は、なぜ簡単にあきらめてしまうのでしょうか？　その理由は明確で、成功体験が（足り）ないからです。

たとえば、エリートと呼ばれるような人たちの多くには、「自分は絶対成功できる」といった、ある意味、根拠がないほどの自信が感じられます。

しかし、そんなエリートたちも、実際には、人生ずっと連戦連勝だったわけではなく、失敗も少なからず経験しているはずです。それでも、それまでに何度か成功体験を積み上げてきたことにより、「やり続ければ最終的には目標を達成できる」という確信を彼らは持てているのでしょう。

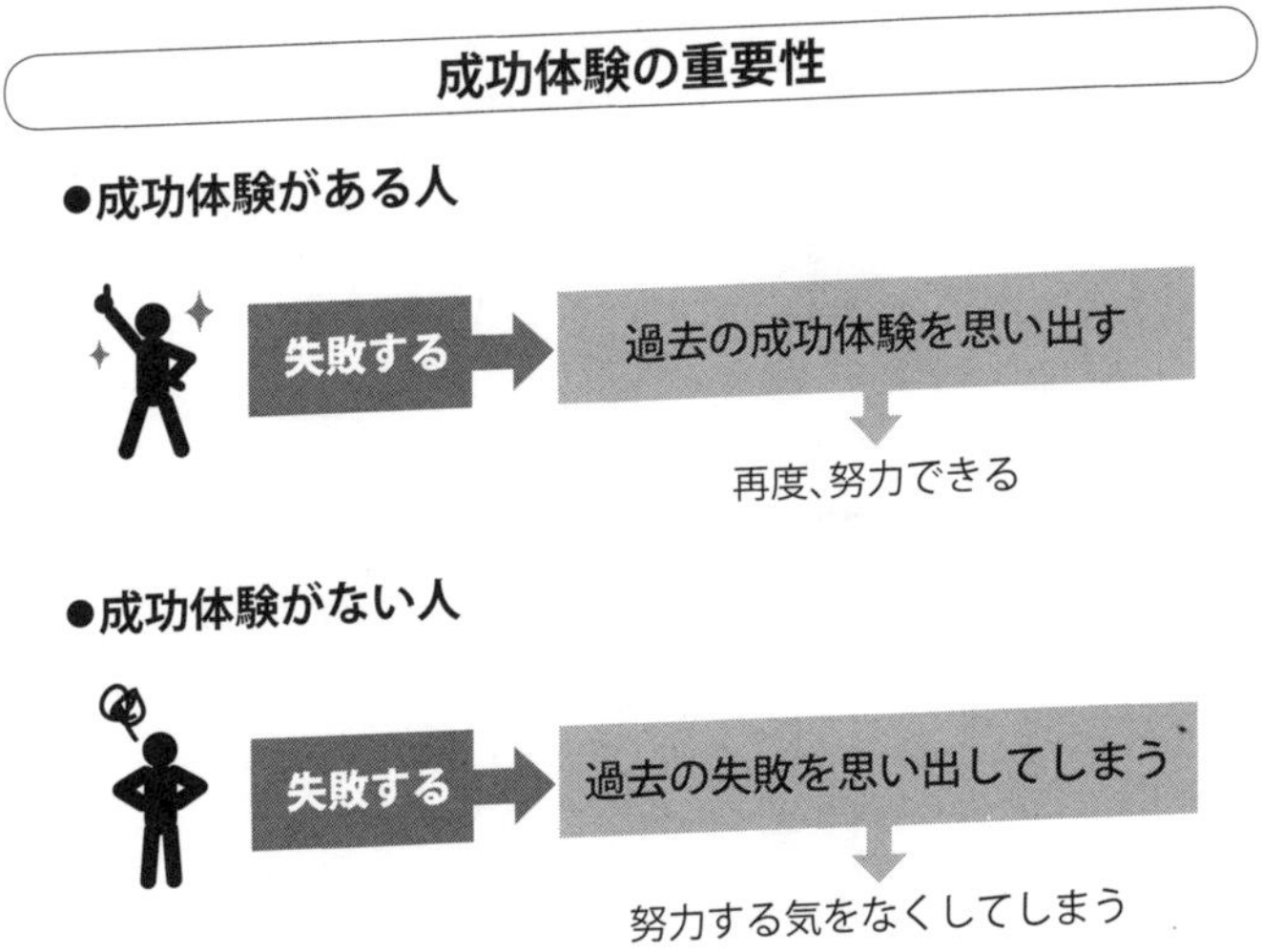
成功体験の重要性
●成功体験がある人
失敗する
過去の成功体験を思い出す
再度、努力できる
●成功体験がない人
失敗する
過去の失敗を思い出してしまう
努力する気をなくしてしまう

このように、**たとえ小さくても成功体験を積み重ねることで、人は自信がつき、行動すること自体が楽しくなります。**ビジネスで言えば「**仕事が面白くなってくる**」という感覚です。

ですから、成功体験のない部下には、教える側の成功体験を積極的に話し、「努力は必ず報われる」ことを部下に信じ込ませてください。

たとえば、営業について教えている最中ならば、

「自分も最初はうまくいかなかったけれど、最初の契約をとれた日から少しずつ自信が持てたんだ」

というように話すと、部下のモチベーションも高まるはずです。

そして次項で詳しく説明しますが、教える相手に小さな目標を用意し、それを達成することで成功体験を積ませてください。**人は報われるからこそ努力ができる**のです。

Point

努力の意味を身をもって知れば、自信を持って教わることができる。

小さな成功体験を積ませる

前項で「努力は報われる」ということを信じ込ませる重要性をお話しました。しかし、これをいくら言葉で言ったところで、説得力は持たないでしょう。

そこで、部下に実際に成功体験を積ませる必要があるのですが、その前にして欲しいことがあります。それが**「成功体験の棚卸」**です。

どんなに成功体験が（足り）ないという人でも、生まれてからこれまで、まったく成功とは無縁だった人はいないのではないでしょうか？

たとえば、小学生のころ学級委員だったとか、クラス対抗リレーの選手に選ばれたなどのささいなことでもいいのです。また、現在勤務している会社に入社できたこと自体、入社できなかった他の就職希望者との競争に勝った成功体験と言えるはずです。それらの小さな小さな成功体験を、部下に棚卸させるのです。

改まってそういう話を聞くのが難しければ、雑談という形でも構いません。今まで成し遂げたことを思い出しているうちに、部下の心境にも変化が出るはずです。

部下に成功体験を棚卸させたあとは、実際に成功体験を積ませましょう。ここでのポイントは「小さな目標」を設定することです。

たとえば、あなたが総務部にいて、部下に文房具の購入や管理の仕事を教えるとします。一通りの流れを教え、部下に任せる仕事の範囲が決まったなら、そこで次のような目標を立てるのです。

- **文房具のストックは常に整頓された状態にしておく**
- **在庫切れは決して起こさない**

どちらも当たり前のことのようですが、最初のハードルはこれくらい低くていいのです。そのハードルを跳ぶことにより、次のハードルに挑戦する気が起きるわけですし、私たちも昔はそういうハードルを越えてきたはずです。

まずは、部下に小さな成功体験を思い出させ、そして新たな成功体験を味わせるお膳立てをする。これができれば、やる気のなかった部下も、次々に新たなことを学びたくなるはずです。

Point

成功体験の棚卸と新たな成功体験で、部下は学びの喜びを知る。

「君ならできる！」を上司が言葉と態度で示す

前の2項目では、部下が自分に自信を持てるようになるノウハウについてお話ししました。しかし、それらを実践したところで、上司が部下の可能性を信じていないような素振りをしていては元も子もありません。

そもそも、自分に自信を持てない人の多くは「君はだめだ」「あなたにはできない」とまわりから言われ続けてきた人です。もしくは、本当はそんなことは言われていないのに、被害妄想的に周囲からそう言われていると思い込んでいるケースもあるでしょう。

ですから、そのような人には、まず「**君ならできる！**」と声をかけてあげてください。

そして、**「できる」理由を順序立てて説明することで、実現が可能だということを伝えるのです。**

また、言葉だけではなく、身ぶりや手ぶりといったジェスチャーを交えて励ますのも効果的です。

ビジネスからは離れますが、入試間近の受験生の前で「全員合格！」とこぶしを挙げるパフォーマンスをする予備校の講師の方がいます。「絶対合格」などと書かれた鉢巻をしめて雄叫びをあげることで、受験生は気が引き締まり、心から「合格するぞ！」という気持ちになるのです。

もちろん、ビジネスの場でこのようなお祭り騒ぎをする必要はありませんが、やる気を出させるために行なうパフォーマンスは見習うところがあるはずです。

このように、「君ならできる！」と言葉や態度で繰り返し示すことで、部下は上司から期待されていると感じることができ、教わる行為にも身が入るのです。

しかし、ここで1つ注意したいことがあります。

上司の中には、「君ならできる！」の根拠を「私の部下だから」と言ってしまう人が稀にいます。これでは、せっかくの励ましの言葉も台無しです。同様に、相手が教えた内容をきちんと実行できたとき、「さすが私の部下だ」といった言葉も絶対に避けるべきです。

なぜなら、**これらの言葉は一見相手をほめているようで、じつは指導した側の自分を讃えている言葉**だからです。教わった部下からすれば、恩着せがましい嫌味な上司に映ってしまいます。

たしかに教えることで、相手を手助けしたことには変わりませんが、成し遂げたのは学んだ本人です。部下が成長すれば自分もうれしい。それぐらいの気持ちで、部下を励ますことを優先しましょう。

私自身、講師を務めている「セミナー講師になるためのセミナー」の受講生から、よく「松尾先生のおかげで無事セミナーが成功しました！」といううれしい声をいただきますが、そのたびに「教わったことを実践されたあなたの努力です。もっと自分をほめてあげてください」と答えるようにしています。

「君ならできる！」をあらゆる形で表現して、部下を励ましてあげてください。

Point

ときにはジェスチャーも交えながら、部下への期待を表現しよう。

できない部下もできる部下もほめまくれ！

今の時代、「ほめて伸ばす」という方法が広く知られ、それを実践されている方も多いのではないかと思います。

この方法は、特に、これまであまりほめられてこなかった部下には有効です。上司はほめることで「この人は自分を認めてくれた」という特別な存在となり、自己否定しながら生きてきた部下にとって、数少ない理解者となるのです。

思えば、私の青春時代に流行したテレビドラマ「スクールウォーズ」も、不良高校生がラグビー部の熱血監督と出会い、ぶつかりながらも認められ、自分たちの存在意義を見出していく物語でした。ほめれば伸びるのは、ドラマでも現実でも変わりありません。

一方、すでにできる部下に対しても、上司はガンガンほめるべきです。できる部下と聞くと、ほめられることに慣れている印象を持つ人もいるでしょうが、実際はそうとも限りません。**いつも評価されている人は、「すごいけど、あの人は特別だから」などと周囲から距離を置かれ、意外にほめられ慣れていないケースもあるのです。**

これは私が名づけた「**美人の法則**」と同じ原理です。

美しい女性はそもそも近寄りがたい存在ですから、誰も面と向かって「美人」だと言ってくれません。だから「本当にお綺麗ですね。ところで、お付き合いされている方は今いらっしゃいますか？」と勇気を持って誘える人だけが、綺麗な女性を射止めることができるのです。

会社における美人とは、まさしくできるビジネスマンのことですから、他の社員と同じように、よい点はやはりほめるべきです。

よく、優秀な人材がヘッドハンティング等で、ライバル会社に転職してしまうことがあ

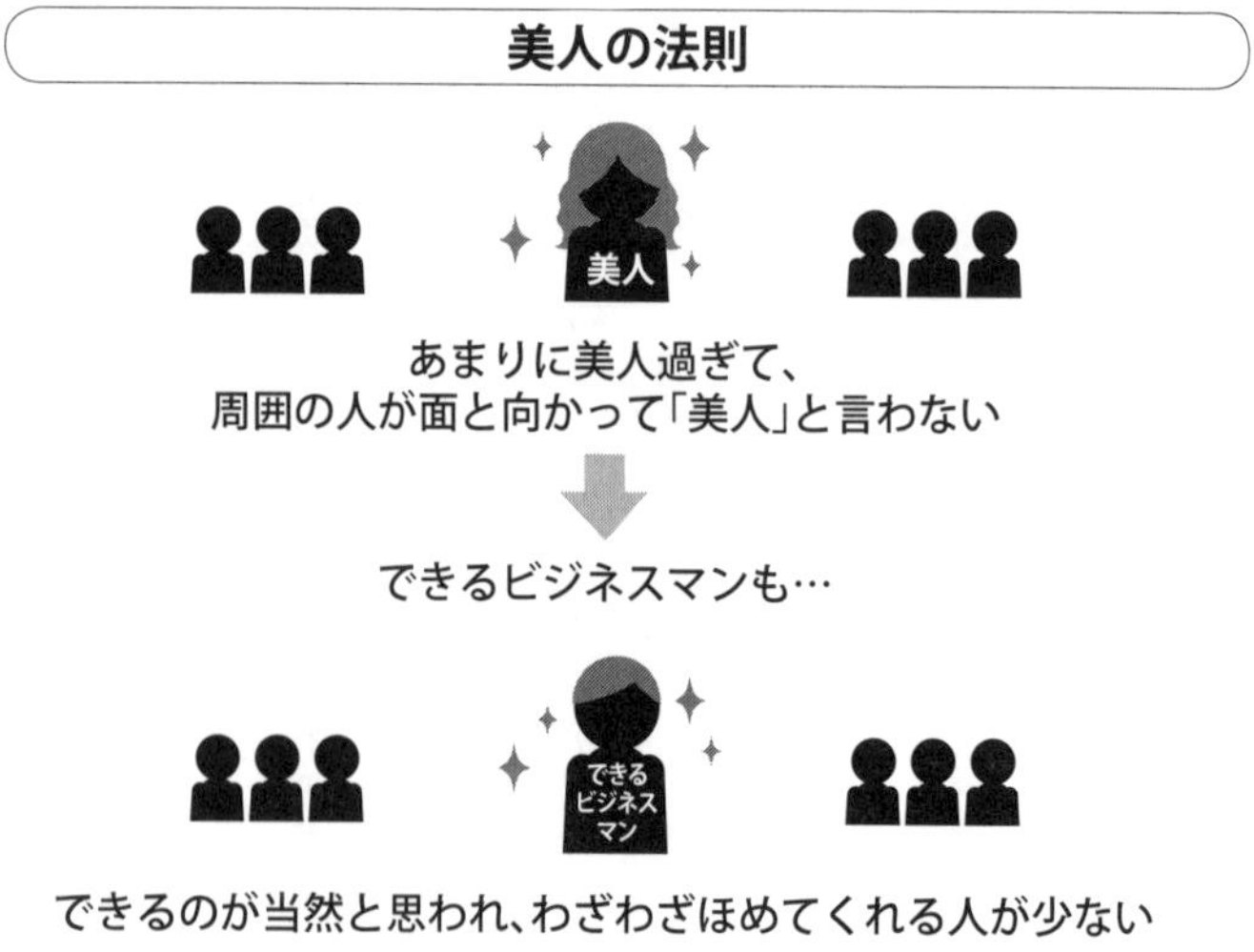
美人の法則
美人
あまりに美人過ぎて、
周囲の人が面と向かって「美人」と言わない
できるビジネスマンも…
できるビジネスマン
できるのが当然と思われ、わざわざほめてくれる人が少ない

りますが、これは単にキャリアアップだけが目的とは限りません。現在勤めている会社で正しい評価や「ほめる」という行為がなされてきたか振り返るべきでしょう。

つまり、立派な成果を積み重ねても、「あの人だから当たり前」と思われ、ろくにほめられず、報酬面でも正当な評価がなされなかった結果かもしれないのです。

できない部下をできるように教育するのは大変なことですが、**できる部下をより優秀にするのは意外と簡単なこと**です。

それなのに、できない部下の教育にばかり目を向けて、その結果、貴重な人材を流出させてしまっては本末転倒です。

上司たるもの、広い視野を持って、できない部下もできる部下も大いにほめまくりましょう。どうせほめるなら、徹底的にほめることです。

Point

部下をほめるのにほめ過ぎということはない。大いにほめて、大いに伸ばそう。

どんなときでも叱るのはNG

他人にものを教えていると、ときには「どうして理解できないのか？」「なぜ言った通りにやらないんだ？」「何度言ったらわかるんだ！」など、つい相手を叱りつけたくなることもあるでしょう。

しかし、基本的には、教えるときに叱ってはいけません。

特に、教えの初期段階ではできなくて当たり前ですし、何より本人が自分の短所やできないことを一番理解しているはずですので、あえて傷口に塩を塗る必要はありません。**ミスや失敗は叱るのではなく、適切なアドバイスをし、本人に軌道修正させればいいのです。**教える側の役割は、あくまでナビゲーターだととらえましょう。

また、先述したように、教える側は相手のレベルに合わせて教えのプログラムを組む必要があります。相手がなかなか理解できないということは、相手のレベルより高度な内容を教えているからかもしれません。

会社として求めるレベルがあるのもわかりますが、最初はできるだけ相手に合わせ、じょじょにレベルを上げていくようにしましょう。

先日、ある予備校の人気講師が、雑誌のインタビューで次のようなことを言っていました。

「私は受講生を叱りません。なぜなら、彼らや彼女たちは生徒という名のお客様だからです。叱った末に授業を欠席したり、予備校を辞めてしまったりすれば、私たちは商売になりませんし、今の若い人はほめたほうが伸びるのです」

これは予備校などの教育組織だけでなく、会社でも同じことが言えると思います。

部下は上司のものではなく、企業にとって大切な人材です。叱った結果、それが原因で退職してしまったら、高いリクルート費用をかけて採用し、さらに各種研修までした人的資源を失うことになってしまうのです。

繰り返しますが、教わる側にできないことがあっても、叱るのではなく、正しい方向に導いてください。優秀な指導者は決して一時の感情で叱ったりはしないのです。

Point

教える側に求められるのは、
叱るのではなく正しい方向に導くこと。

部下には遠慮なくしゃべらせる

人は自分の話を相手に聞いてもらいたい生き物です。これは、自己主張の強い人の話だけでなく、広く一般的に言われていることです。

たとえば、あなたが誰かに話をしているとき、「そうなんですよね！　じつは私も以前こんなことがありまして…」と、相手に自分の話にすり替えられてしまった経験がある人も多いのではないでしょうか？　一見、無口に見える人でも、一方的に他人の話を聞かされるのは苦痛だということが多いのです。

教わるという行為は、基本的には、教える側の話を「聞く」ことを前提としています。

しかも、大部分は知らない知識をインプットする作業なので、より苦痛をともなうことになります。その状況で、教える側が一方的に話してしまったら、教わる相手は聞く耳を持ってくれるでしょうか？　そんな状態が続くようでしたら、教わる側のモチベーションも下がりかねません。

ですから、**こちらの話を気分よく聞いてもらうためにも、教えるときには、あえて相手にしゃべらせる時間を作る**べきです。それも、なるべく最初にその時間を設けたほうがいいでしょう。

こう言うと、「そこで何をしゃべらせればいいんだ」と思う方もいるかもしれません。当然ですが、あくまで「教える」ことに目的があるのですから、あまり関係ない雑談をされても困ります。

ここで聞くべきは、教わる内容に関する、相手の予備知識や経験がいいでしょう。そう、お気づきになった方もいるでしょうが、第2章でお話した「相手のレベルを見極める」に通じる話です。

たとえば、新入社員に社会人としてのマナーを教えるなら「ビジネスマナーはどれぐらい知っていますか?」「名刺交換の基本を理解していますか?」など、これから学ぶことについて事前にヒヤリングをしてみたらいいでしょう。

また、相手が学生時代にしたアルバイトなどの話を聞き、どれほどマナーを意識した生活をしていたか推察するという手もあります。

いずれにせよ、**これから教えることをスムーズに伝えるためのリサーチと割り切って、部下・後輩の話をどんどん聞くことです。**その一方で、教わる側は自分が話せた満足感から、ストレスなく「教える側の話を聞こう」という姿勢になってくるのです。

Point

こちらが話を先に聞くことで、相手も教わる気になる。

第3章のまとめ

部下には、まず行動ありきの「行動派」と、じっくり考えてから実行に移す「理論派」がいる。

自分にメリットのないことをする人間はいない。同様に、教わる側のメリットを話さなければ、部下は動かない。

部下のモチベーションの低さは学習効果に影響する。「努力は必ず報われる」と思わせることが大事。

部下には「成功体験の棚卸」をさせた上で、小さな目標を設定し、新たな成功体験を積ませる。

部下に自信を持たせるためには、部下への期待を、「君ならできる!」という言葉と態度で表現しよう。

できない部下もできる部下も、ほめられることを望んでいる。
ほめて伸ばすの精神で、ガンガンほめよう。

上司の仕事は叱ることではなく、部下を正しい方向に導くこと。
決して感情的にならず、適切なアドバイスを。

部下も人間。自分もしゃべりたいという気持ちがある。
教えのためのリサーチと考え、先にしゃべらせよう。

第4章

どんな部下にも効果がある「タイプ別」の教え方

一口に部下と言っても、性格も年齢も経験もまったく異なる人間の集まりです。上司はまずそのことを理解しなければいけません。本章で、相手のタイプに合わせた、「オーダーメード」の教え方を学んでください。

タイプ1　まったくの初心者

人にものを教えるとき、「まったくの初心者」を指導する、というケースがあります。その最たる例が新卒の社員に対する教育です。新入社員の教育を担当する場合、「何も知識がない状態からは教えにくい」という先入観を持つ上司もいるようですが、実際のところは逆ではないでしょうか？

私がセミナーやコンサルティングで様々な人を教える中で感じたのは、**「まったくの初心者」タイプの人が最も教えやすい**ということです。なぜなら、**初心者には「変な癖」がついておらず、固定概念や既成概念にもしばられていない**からです。

初心者が教えやすい理由

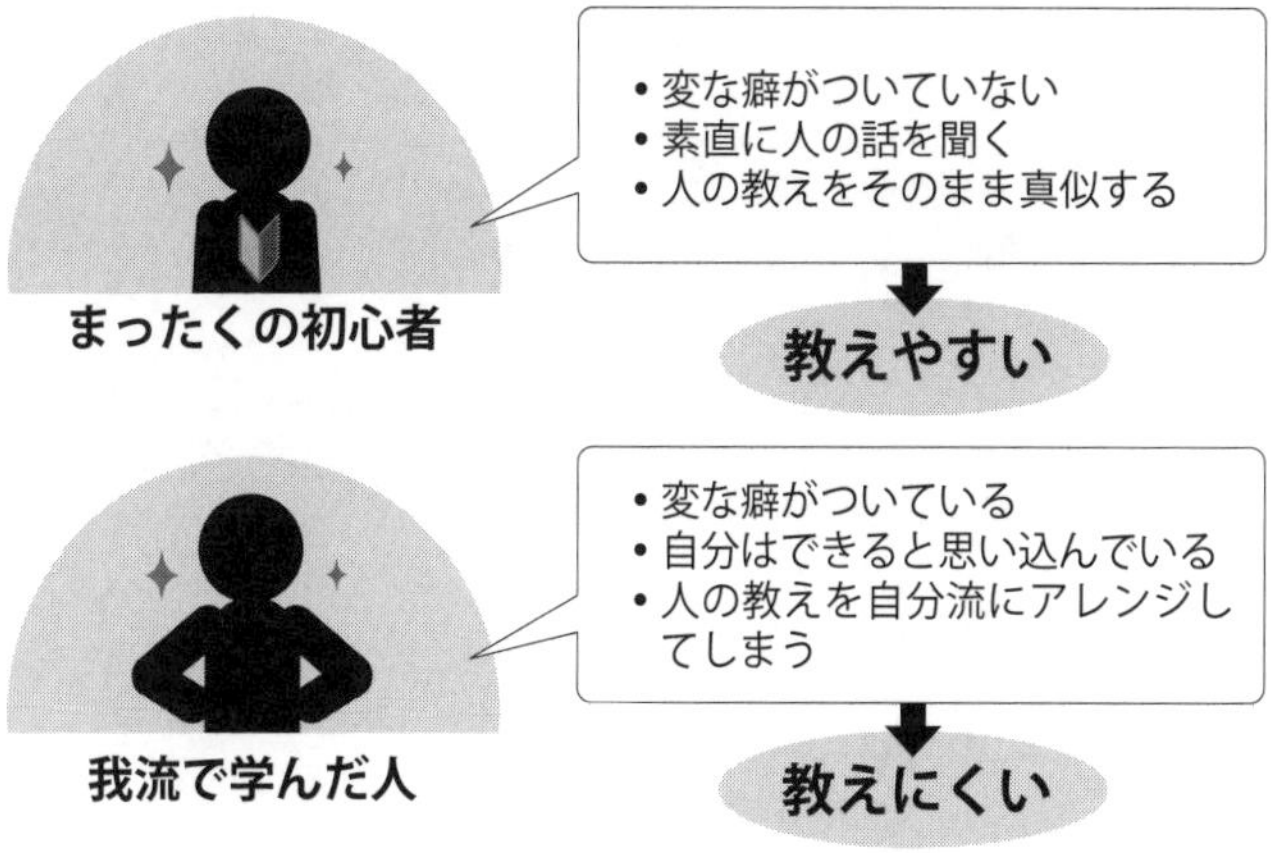
・変な癖がついていない
・素直に人の話を聞く
・人の教えをそのまま真似する
まったくの初心者
教えやすい
・変な癖がついている
・自分はできると思い込んでいる
・人の教えを自分流にアレンジしてしまう
我流で学んだ人
教えにくい

スポーツ選手を指導する場合でも、最も伸びにくいのは、我流で学び「自分はそれなりに上手だ」と思っている人だと、その道のプロから聞いたことがあります。

バットの振り方でも、ボールの投げ方でも、ドリブルの仕方でも、基本の部分を我流で「何となくできている」という状態の人に教えることは容易ではないのです。

私はセミナープロデューサーとして、セミナーや講演会の開催ノウハウを、税理士や行政書士などの「士業」と言われている専門職の方々や、コンサルタント業務を行なう方々に教えているのですが、すでにセミナーを数回実施された方がクライアントの場合、私から教わったことを自分流にアレンジしてしまい、その結果「どうもうまくいかない」というケースを数多く見ています。しかし、何も知らない初心者の状態で私の話を聞いた方は、1から10まで吸収し素直にマネをしてくれます。その結果、成功の確率も高く「松尾先生から教わったことをそのまま実践したら、すべてうまくいった！」という喜びの声をいただくのです。このような例からも**「素人だから教えにくい」という先入観は今すぐ捨てるべき**です。

多くの中小零細・ベンチャー企業の社長は、新卒社員を一から教えるのは面倒だし、時間をかけなければ戦力にならないと思い込み、中途採用を積極的に考えます。

しかし、ベストセラー『千円札は拾うな。』の著書で有名なワイキューブの社長、安田佳生氏は自身の著書の中で「転職市場にいい人材がいるわけがない。そもそも、優秀な人は会社が退職させないし、もし辞めるなら、とっくに次の勤め先が決まっているはずだ」と言い切っています。

また「営業職を募集するなら、営業の経験者は採用しないほうがいい」とも主張しています。これも同じロジックで「前の会社で営業が勤まらなかったから転職したはず」という考えで、「だからこそ自分は可能性が無限で手垢の付いていない新卒の採用に積極的で、その紹介を業としている」と書いています。

何も知らない初心者は教えた側の言葉をスポンジのように吸収してくれます。それゆえ教える側に大切なのは、とにかく「基本」を教え、「型」をしっかり身につけさせることです。スポーツでも音楽でも書道でも、基本をみっちりと繰り返し身につけたものは強いのです。

ですから、会社内でもまったくの新人に対しては、あなた自身が「こんなことは誰でも普通に知っている。やっている」というレベルの基本から教えてあげてください。そしてそれが身につくまで根気よく指導することが、初心者への教え方の王道なのです。

Point

- まったくの初心者は何でも吸収するので、むしろ教えやすい。

タイプ2　教え方に文句をつける部下

「その教え方は、私には合いません！」

人にものを教えていると、このように、教え方自体に注文や文句をつける人が稀に現れます。

教え方に文句をつけるタイプは「まったくの素人」と相反する存在で、この人たちは教わる内容を「少しかじったことがある」場合が多いのです。この「少しの経験」というのが曲者で、本人は「私は素人ではないのだから（その私が理解できないのは）教え方がおかしい」と自分に都合よく考えてしまうのです。

もちろん、実際には教える側の教え方の問題もあるかもしれませんが、少なくとも、最初から教わる自分のほうが正しいというスタンスでは、どんな教え方をしても文句が出ることでしょう。

このようなタイプには最初から「**教える側と教わる側の立場の違い**」をしっかり認識させなくてはいけません。大げさかもしれませんが、「今、私は教えるのが仕事であり、あなたは教わることが仕事です」と言ってもいいかもしれませんし、同時に「**教わる側には素直さがなくては伸びない**」ことも伝える必要があります。

しかし、このような言葉でも納得しない場合には「実力行使」しかありません。

それは、即効性のあるとっておきのノウハウを教え、それを（無理やりにでも）すぐ実践させるのです。結果が出れば、その人も教える側のことを認めざるをえなくなるでしょう。**教え方に文句を言うような部下には事実を突きつけることが一番なのです。**

また間違ってもそういう人に媚を売り、よい人間関係を作って言うことを聞いてもらおう、などとは考えないでください。

昨今、学校あるいは学級崩壊に関するニュースをメディアで見ることが増えました。

これについて、私は教師が生徒に近づきすぎた結果だと思っています。私が学生のころは、教師は怖くて当たり前の存在でした。言うことを聞かなければ廊下に立たされたり、頭をゴツンと叩かれたりして、そのため素直に反省したものです。

また親子関係にしても、子供が小さいころは親は子に優しく、しかしときには怖いものでなくてはいけないと考えています。そういった関係が崩れたからこそ、「親には何を言ってもいい」「親の言うことなど聞く必要はない」と家族の崩壊も起こるのです。

会社にも同じことが言えるのではないでしょうか？　つまり、**上司は部下と仲良しグループを作るのではなく、それなりの距離感が必要**だということです。その意味で、いたずらに教え方に文句をつける部下に対し、「ここは上下関係がある仕事場だ」とわからせることもときには必要でしょう。

最後に、「前職ではこうやっていました」と他の教え方との比較をしてくる人に対しては、そのノウハウが建設的ならば、自社に取り入れられるかどうか検討してみる価値はあります。ただし、それを言い訳に教わることを拒否したり、素直に従わなかったりすることを許してはいけません。

教え方に文句をつけるような人には、教える側は毅然とした態度で臨まなければいけない場合があることを、よく理解してください。

Point

教え方に文句をつける部下に対しては、上下関係をはっきり示すことも必要。

タイプ3　根拠のない自信がある部下

私の会社、ネクストサービスは「起業家応援」をミッションとしていることもあり、私のまわりにはとてもやる気のある元気な方々が集まります。

そういった起業家予備軍の中には、20代半ばで「私は何でもできます！」という自信に満ちあふれた若者もいます。しかし、その自信の元になるものをよくよく聞いてみると、今流行りのプラス思考の影響なのか、特にこれといった裏づけがない場合が少なくありません。

また、あったとしても大学時代サークル活動でイベントを成功させたとか、アルバイト先でリーダーを務めたなど、実際のビジネスレベルからは程遠く、厳しく言えば「根拠のない自信」を持つ若者が増えてきたような気がします。

自信自体は「初めの一歩」を踏み出すために必要であり、とても大切なものですが、こと「教わる」という立場では素直に教える側の話が聞けないなど、マイナスに働くことがあります。たとえば、「これくらい説明されなくてもできる」と高をくくってしまったり、自分なりに勝手にアレンジしてしまったりするのです。

そのような相手には、いっそ教えることをやめ、そのままやらせてみることも１つの手かもしれません。それで結果が出るのなら、それはそれでいいことですし、結果が伴わないのなら「もっと真摯に学ばなくてはいけない」と本人が悟ることでしょう（相手が自覚しない場合は教える側がたしなめるしかありませんが）。

いずれにせよ、**一度やりたいようにやらせてみることが、根拠のない自信を取り除くプロセスになりうる**ということです。そして、ようやく「まったくの初心者」と同じスタートラインに立つことになります。

「根拠のない自信」を持つのは何も若者だけではありません。たとえば、営業経験20年というベテランの営業マンが転職してきたとします。彼の話では前職で何度もトップクラスの成績を収めたということですが、だからと言ってそれらすべてを鵜呑みにしてはいけません。

前にも話したように、本当に会社に貢献していたのならば、その会社が簡単に手放すはずがありません。また、もし実力のある人だとしても、転職先がまったく同じ業界でまったく同じ商品を扱い、今までのお客さんを相手に商売するのでもない限り、前の職場と新しい職場では勝手が違うはずです。

ですから、**たとえ前職で実績があるという人でも、初めは謙虚に新しい職場のルールや商品の知識などを学ぶべき**ですし、そうでなくては「こんなはずではなかったのに」と本人が後悔することになりかねないでしょう。

「根拠のない自信」も、使いようによってはすごい力を発揮するときがあります。しかし、それ以前の「学びの段階」では素直さと謙虚な姿勢が大切であり、これこそが伸びる秘訣だということを、教える側も教わる側も肝に銘じなくてはいけないのです。

Point

根拠のない自信がある部下には、あえて好きなようにやらせてみる。

タイプ4　すぐにリスクを考えてしまう部下

先の項目で「根拠のない自信は教わる上でマイナスになる」と書きました。しかし、自分にまったく自信がないというのも困ったもので、そのような人はすぐにリスクを考えてしまう傾向があるようです。

- **自信がないので、新しいことにチャレンジしない**
- **リスクを恐れ、できそうなことすら挑戦を拒否する**

このようなタイプの人にとっては「何もしない」ことこそ、100%安全なリスク回避の手段なのです。

なるほど、与えられた最低限の仕事だけをしていれば、失敗のしようがありません。ですが、すごいスピードで変化している現代において、「現状維持」とは実際には「後退している」と言っても構わないでしょう。

会社という組織において、新しいことにチャレンジしない人材はまわりに対しても悪影響を及ぼす存在ですから、教える側の上司としてはしっかりとした対策をとり、方向を転換させなくてはいけません。

その方法ですが、**本人のチャレンジしない原因になっている「失敗のリスク」を最小限に抑えることが第一**でしょう。

そのためには「失敗しても、私がフォローする」「何かトラブルが起きたら、上司である私が責任をとる」と説明し、「大きなリスクは負わせないから安心して仕事をしてくれ」と伝えることです。

リスクを恐れる部下への対処法

❶ 失敗しても上司がフォローすることを伝える

❷ トラブルが起きたときの責任は、上司がとることを伝える

❸ 現状維持の状態にも、リスクが存在することを伝える

↓

「するリスク＜しないリスク」ということに気づかせる

私自身、サラリーマン時代の後輩に、

「飛び込み営業でトラブルが起きたとしても、会社間の問題になることはほとんどない。だから悩む前に1社でも多く訪問してみよう。それと万一、大きなクレームが来たら私がフォローするし、それで解決できなければ僕から上司に報告する」

と言ったことがあります。

その後、彼は肩の力が抜けたのか、成績を出し始め会社に貢献する営業マンへと成長していきました。

それでも動かない部下には、「**新たなことをやらない危険性**」についても説きましょう。

今は、リスクを避け、保身さえ考えていれば定年まで勤められる時代ではありません。「**現状維持だけでは会社に居場所がなくなる可能性がある**」ことをはっきりと教えるべきなのです。

Point

すぐにリスクを考えてしまう部下に対しては、上司のフォローでリスクを減らす。

タイプ5　自分より年上の部下

「先に生まれる」と書いて「先生」と言うように、これまでは年上の人間が教える側で年下が教わる側という図式が一般的だったと思います。

しかし、年功序列制度が崩壊した現代においては、年上の先輩がある日突然自分の部下になったり、中途入社してきた経験豊富なビジネスマンを年下の管理者が指導する立場になったりと、「年上の人間を教える」というケースが増えてきています。

ビジネスマンとしては、会社などの組織でポストや立場が与えられれば、その任務を粛々と遂行するしかないでしょう。

とはいえ、**与えられた立場はあくまでその組織内でのみ通用するものです。そのことを忘れて、年上の人間を軽く扱うようなことは慎むべきです。**

たとえば、年上の部下の覚えが悪いからといって、「頭ごなしに叱る」などという行為は絶対に避けるべきです。人生の先輩を敬うのはもちろんのこと、効果的に教えるという面から見ても、それは得策ではありません。

年下の人間に上からものを言われたり、高圧的な態度で指導を受けたりすれば、誰だって気持ちいいわけがありません。反発の態度に出ることは容易に想像がつきます。

また、そのような光景はまわりで見ている人たちにも悪影響を及ぼします。だからこそ、年上の方には敬意を表した教え方をしなくてはいけません。具体的には「**頼りにしています**」という態度を見せるのです。

人は頼りにされると嬉しいものです。まして、年下とはいえ、教える立場の人間に頼られて嫌な気持ちになる年長者はいないでしょう。

ですから、教えながらもときおり、

「私自身、このあたりは経験不足でわからないので、教えていただければありがたいのですが」

と素直に聞いてみるのです。

そうすればあなた自身も勉強になりますし、何より相手とのコミュニケーションが良好になるはずです。またその際、あなたが知っていることでも〝**あえて聞いてみる**〟という演出もときには必要なことかもしれません。

一方で、年上の人に対して、言いづらいことも多々あるでしょう。たとえば、業務の段取りや効率がいちじるしく悪く、普通の社員なら定時で終わる仕事を残業するケースなどです。

このような場合は年長者だからと遠慮するのではなく、きちんと事実を伝え、改善策を教えなくてはいけません。先述したように、**相手への敬意は持ちつつも、伝えるべきことははっきり伝える。**それは勇気のいることかもしれませんが、教える側の宿命でもあり、大事な仕事です。

年上の部下を持つ機会は、これからもっと増えるはずです。直属の上司としてはやりにくい部分もあるでしょうが、あなたよりも多くの知識と経験を秘めている部下をどう育てるか。それはあなた自身の評価にも大きく関わることなのです。

Point

自分より年上の部下には、「頼りにしている」と思わせつつ教えよう。

タイプ6　自分よりはるかに年下の部下

この本の読者の中には、もしかすると、私と同じ40代の方もいるかもしれません。その年代の上司からすれば、入社したばかりの新入社員などは、幼く至らないところも目立つでしょう。

しかし、もしもあなたが自分よりはるか年下の部下を見下していたとしたら、それは大間違いです。なぜなら、**教育や情報、ノウハウといったものは、基本的には新しければ新しいほど進化・洗練されていき、それを享受できるのは、やはり「若者」だからです。**

たとえば、今のビジネスに欠かせないインターネットを例にとってみても、私が本格的に学び始めたのは35歳のときですが、私の息子は生まれたときからパソコンが身近にあり、さらに小学校入学時から授業として習っているせいか、現在小学3年生ながらインターネットをある程度自由に使いこなし、大好きなアニメキャラクターの最新情報を一人で探し出したりしているのです。そんな彼らが社会人となったとき、私たちの世代の人間は、ネットの分野ではかなわないでしょう。

これはＩＴに限らず、医療の技術にしても、スポーツの理論にしても、料理のレシピにしても、マーケティングの知識にしても、若い人ほど早い段階から最新のノウハウを学び、それを自分のものとしている確率が高いのではないでしょうか。

教える側はこのことを念頭に置き、優秀な若者の力を引き出すよう心がけてください。そのためには**「君は優秀だね」と認めるところは素直に認め、そして大いにほめてください。**また、教える側が完璧であると見栄をはる必要もありません。第2章でもお話ししましたが、知らないことは「知らない」と言える勇気も大切ですし、「知ったかぶり」の上司は部下にとって尊敬できないものです。

ただし、一方で、教える側は相手に対し「絶対に敵わない」という一面も見せつける必要があります。これは【タイプ2　教え方に文句をつける部下】のところでも言いましたが、教える側と教わる側が仲良くなり過ぎると緊張感がなくなり、教える側への敬意が失われがちだからです。こういう関係では、教わる側の「真剣に学ぶ」という姿勢も崩れてきてしまいます。

そうならないためにも、教える側は相手が「近づき過ぎてきたな」と感じたら、自分の経験から導いたより高いレベルの教えや仕事を見せつけ、「やはり、すごい。自分はまだまだだ」と相手を突き放すことも大切なのです。

Point

自分よりはるかに年下の部下でも、優秀なところは素直に認めよう。

部下の年齢で教え方は変わる

自分より年上の部下を教える

- 与えられた立場はあくまでその組織内のものとわきまえる
- 教える際にも「頼りにしています」という態度は見せる
- 年長者だからといって、改善すべき点は遠慮せず伝える

自分よりはるかに年下の部下を教える

- 年下の人間のほうが各分野で最新のノウハウに通じていることを理解する
- 部下の優秀な点は素直に認め、見栄をはらない
- 仲良くなり過ぎると緊張感がなくなるので、適度に距離をとる

タイプ7　本気で学ぶ気が感じられない部下

「今さら、新しいことを学びたくない」

残念ながら、こう思っている人はあなたが想像している以上に社内に存在します。

たとえば、アルバイトや派遣社員、契約社員など時給で勤務している人の一部や、会社での出世を早々とあきらめてしまっている従業員などがそうです。こういった人材は、指示する内容に対しては素直に従いクレームも特にないかわりに、自分から積極的に「学ぼう」「吸収しよう」という気持ちがありません。

こういう人たちを前にしたときは、「たとえアルバイトでも新しいことを貪欲に学び、今以上に会社の戦力となれば時給も上がるし、場合によっては契約社員や正社員にもなれる」ということを教える側は伝えるべきです。

また、会社にいることだけが目的となっている、意識の低い部下には「現状維持のままでは、いつまでこの職場にいられるかわからないよ」と、少しプレッシャーをかけてもいいかもしれません。

同時に教える側の人間も「アルバイトだから、この程度だ」とか「派遣だから仕方がない」などと、すぐあきらめモードになるのはやめてください。

最近ではコスト面から、マネージャーだけが正社員で残りはアルバイトや契約社員という部署も少なくありません。このような体制の組織は、これからもますます増えてくるでしょう。**この環境で正社員とそれ以外を区別していては、組織力はジリジリと衰退していきます。**

大切なのは、どんな待遇であれ、部下である限り、戦力となるように指導することです。そのためにも「**働く意義や楽しさ**」を感じさせる努力が必要ですし、何より、時給のアップや正社員へのステップアップは、最高のモチベーションアップになるはずです。

あなたが経営者ならば、「やる気のない人を一から教えるより、人を替えたほうが早い」と考えてもいいかもしれません。しかし、いわゆる中間管理職の場合は、現有メンバーの底上げをするしかないのです。

そのためには、あなたに与えられた権限の中から、モチベーションアップにつながるインセンティブ（報酬）を用意して、わかりやすく説明しましょう。

そして何より、**「このチームに少しでも長くいたい、ここで働き続けたい」という職場環境を上司が中心となって整備する**ことが大切です。いつの時代も離職の一番の理由は職場の人間関係であり、それはコミュニケーション不足から発生しているのです。

人は多かれ少なかれ「好奇心」や「学習欲」を持っています。だからこそ優秀な上司は、アルバイトであれ出世をあきらめている正社員であれ、彼らや彼女たちのやる気を引き出す努力を怠ってはいけないのです。

Point

●本気で学ぶ気が感じられない部下には、まず働く意義や楽しさを教えよう。

タイプ8　頑張り過ぎる部下

あなたのまわりには、「頑張ります！」が口癖の部下はいませんか？

仕事に対する態度は真面目だし、しっかりした目標も持っていて、あなたの話もちゃんと聞く。こういう部下は、こちらがあれこれ言わずとも、やる気が満ちあふれていることでしょう。

しかし、中には、残念なことに、頑張り過ぎて空回りしている部下も見かけます。人より努力をして成果を上げようという気持ちだけが先走り、つまらないミスをしてしまったり、仕事の本質的なポイントではなく、ささいな点に力を注いでしまったり…。

とはいえ、やる気自体がない人材も多い昨今、やる気あふれる部下は貴重です。上司としては、彼らのやる気を削がずに、適切な方向に導く教え方を心がけましょう。

具体的には、**まずはそのやる気を尊重して、彼らが教わったことを実行に移したいと思ったときに、温かく見守ってあげること。**そこで成功すれば、もとよりやる気のある人材ですから、勢いがつき一気に成長を遂げるかもしれません。

また、**結果が出なくても、最初にその努力をほめ、認めてやり、そこから反省材料を探して、どうすればもっとうまくいくのか、一緒に考える機会を持ちましょう。**

いずれにせよ、あなたの頑張りは無駄ではないというメッセージを常に発してあげてください。部下のやる気の炎に水を差さないのも、上司の役目です。

Point

頑張り過ぎる部下は、温かく見守り、要所要所でアドバイスを与えよう。

第4章のまとめ

まったくの初心者が教えにくいというのは、ただの先入観。教えたことを何でも素直に吸収するので、本当は教えやすい。

教え方に文句をつける部下に対しては上下関係を徹底させ、即効性のあるノウハウを教えて、納得せざるをえなくする。

根拠のない自信がある部下には、あえて好きなようにやらせ、その失敗を通じて、素直に教わる姿勢を取り戻させる。

いざというとき、上司がフォローし責任もとることを伝えれば、すぐにリスクを考えてしまう部下も、新しいことに挑戦できる。

たとえ部下でも、年上の人間には敬意を払うべき。「頼りにしている」という素振りも見せれば、関係は良好になる。

はるかに年下の部下は、上司が知らないノウハウを習得している。
認めるところは認めつつ、適度な距離感をとろう。

本気で学ぶ気が感じられない部下も、組織にとっては立派な戦力。
働く意義や楽しさを、上司は繰り返し伝えよう。

頑張り過ぎる部下のやる気をどう保つかが上司の課題。
その頑張りは無駄ではないことを、アドバイスとともに伝えよう。

第5章

「多くの部下」を一気にレベルアップさせる教え方

できれば短時間で多人数の部下を教えたい。そう思う上司の方のために、本章では、「セミナープロデューサー」でもある私が、勉強会や研修に特化した教えのスキルをご紹介します。「プロ」の技をぜひ盗んでください。

教えの出来は準備で8割決まる！

突然ですが、プロ野球選手という職業を、意外と楽なものと考えている方はいませんか？　なるほど、野球選手はシーズンが終わると長い期間試合がなく、また一回の試合（労働）時間も限られていますから、一見うらやましく思えるところもあります。

しかし、実際にはそんなことはありません。プロ野球選手は約2～3時間の試合の中で、オフの期間も含め、それまでいかに練習してきたかが試されます。またプロの選手にとって、コンディションの調整といったことも大事な仕事です。日頃からバットを振り、ボールにふれ、試合に対する準備を怠らないからこそ、本番で最高のパフォーマンスを発揮することができるのです。

人にものを教えるときにも、同様のことが言えます。

第2章で扱ったマンツーマンの教え方の場合、仕事の流れの中で突発的に教えなければいけないことも多いでしょうが、本章で扱う対多人数の教え方の場合、いつ教えるのかが決まっていることがほとんどです。

「本番」の日までにどれだけの準備ができるか。勉強会であれ研修であれ、**その準備で当日の出来が8割決まってしまう**、といっても言い過ぎではないでしょう。

また、**本番を想定した通しのリハーサルも、慣れるまでは必ず行なうべき**です。

私の知り合いのある税理士さんは、初めてセミナーを開催するにあたり、1週間毎日リハーサルを実施しました。教わる側の参加者の面々が百戦錬磨の経営者であり、評価が厳しいことがあらかじめ予想できたので、練習せずにはいられなかったそうです。

そのかいあってか、当日はさほどあがらず話を始めることができ、後半からはリラックスした状態で講演ができたということです。

前日までの準備で8割決まる

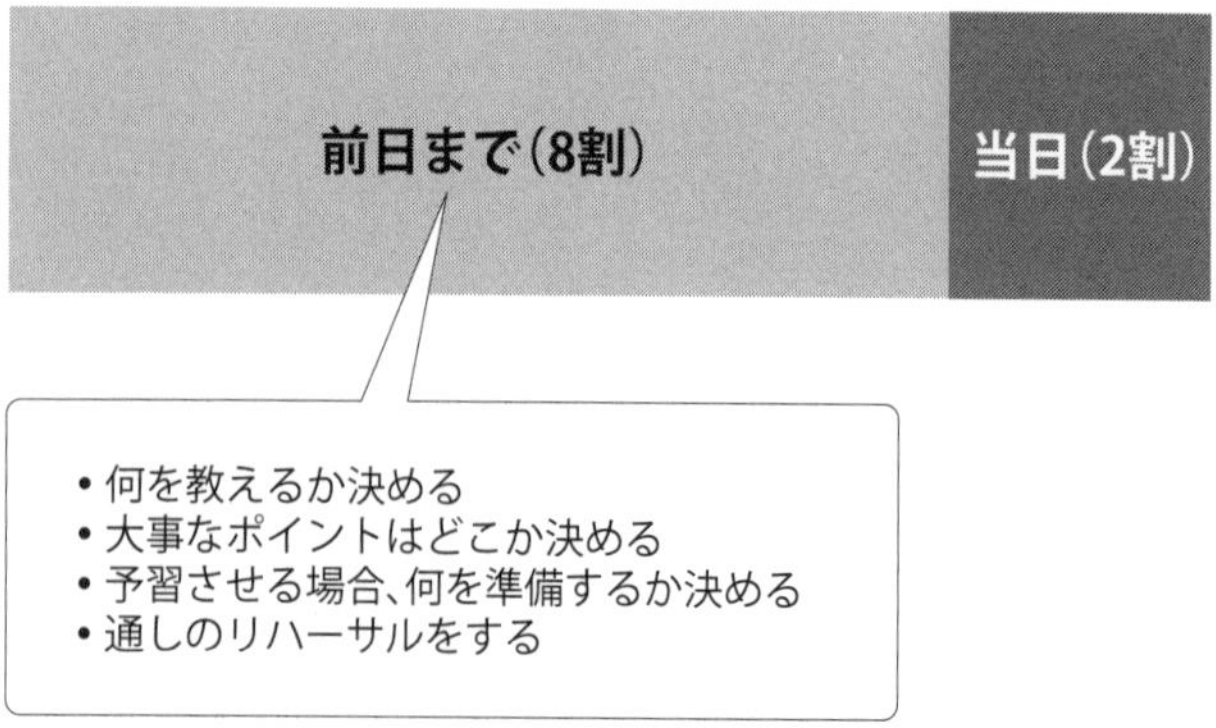
前日まで（8割）
当日（2割）
• 何を教えるか決める
• 大事なポイントはどこか決める
• 予習させる場合、何を準備するか決める
• 通しのリハーサルをする

やはりスポーツであれ仕事であれ、練習は人を裏切らないものなのです。

なお、ここでは対多人数の教えの準備を想定していますが、相手が一人の場合も準備をするに越したことはありません。さすがにリハーサルはしないまでも、教える内容の予習は必須です。

そして注意すべきは、前にも書きましたが、相手のレベルに合わせて教える内容を組み立てるということです。

厳しい言い方をしますが、練習で１００

点を出せない人が本番で完璧なパフォーマンスをできるはずがありません。

だからこそ、事前のリハーサルでは120点を目指し、不安がなくなるまで準備をしましょう。

Point

- 教えの出来を決めるのは準備。120点の練習をしてから本番に臨もう。

教わる側には予習をさせる

「来月の水曜日に勉強会を開催します」と社内で告知しても、よほど志の高い部下以外は特に何の準備をすることもなく、当日を迎えることでしょう。教える内容にもよりますが、こんなときに有効なのが、「課題図書」や「参考資料」をあらかじめ指定して、前もって読んでから、勉強会に参加するのを義務づけることです。

あなたの学生時代を思い出してみてください。ざっとでも予習をして受けた授業と、何の準備もなしに当日を迎えた授業とでの理解力の差は歴然だったはずです。これと同じで、**大人の学びにおいても、やはり教わる側の予習が大切**なのです。

また、前もってみなが同じ本を読んでいれば、全体のレベルがある程度そろい、かつ教える側も把握できるので、勉強会や研修がスムーズに進むという利点もあります。

私自身が行なうセミナーの参加者も、多くは私の著書を読んでから講演を聴きにきてくださるので、「三角形の法則」や「ＦＴＴＰ」といった、私のオリジナルな理論（言葉）をあらかじめ把握しています。

おかげで説明の時間が短縮でき、その分、時間内にもっと突っ込んだ話ができるなどのメリットがあります（「三角形の法則」「ＦＴＴＰ」については、私の著書『「その他大勢」から一瞬で抜け出す技術』（日本実業出版社）をご覧ください）。

また、私が尊敬するトリンプインターナショナルの元社長、吉越浩一郎氏は自身の著書の中で次のように書いています。

「会議の資料は当日配るのではなく、あらかじめ参加者に渡しておき、会議はそれに目を通したことを前提で話を進めなくてはいけない。そうでなくては無駄な時間ばかりかかってしまい効率が悪い」

これも、予習の効用の1つと言えるでしょう。

「教える」という行為は、長く時間を費やしたから効果が出るというものでもありません。**教える側は、どうしたら短時間で最大の成果が出るかを常に考えなければいけないのです。**

Point

参加者に事前に資料を渡し予習させれば、当日スムーズに教えられる。

教わる側の緊張を一瞬で解く アイスブレイク・スキル

効果的に教えるためには、教わる側の緊張を取り除いてから勉強会や研修を始めなくてはいけません。

特に多くの人が参加する講演型の勉強会などでは、教わる側の緊張が教える側にうつる「緊張の連鎖」が発生する恐れがあるため、参加者を早めにリラックスさせる必要があります。聞き手がリラックスした態度で受講していれば、教える側も過度な緊張はしないものです。

教わる側の緊張を取り除く行為を「**アイスブレイク**」と言います。これはスポーツで言うところの「準備体操」のようなものです。

アイスブレイクには様々な種類がありますが、ここでは次の3つを紹介します。

・教わる側に声を出してもらう
・教わる側に体を動かしてもらう
・教える側が雑談をする

相手に「**声を出してもらう**」のは、最も簡単なアイスブレイクの方法です。

私は自分のセミナーでは、比較的長い時間をとって、参加者同士に名刺交換をしてもらいます。最初は恥ずかしがっていたみなさんも、一人二人と名刺を交換するうちに緊張がほぐれるのが、目に見えてわかります。

社内の勉強会などでやる場合は、自己紹介や最近仕事で疑問に思ったことなどを、短い時間でそれぞれ発表してもらうといいでしょう。ずっと黙っているのと、少しでもしゃべったあとでは、参加者のリラックスぶりは、ずいぶん違うはずです。

次に、「**体を動かしてもらう**」のもいいでしょう。

軽く手足を動かすことで、体の緊張感を解くわけです。みんなで軽く体操をしてもいいですし、隣の人同士でジャンケンをするのも効果があります（ジャンケンは体を動かす以外に、声も出すのでより効果的です）。

しかし、ただジャンケンをするのもゲーム性がないので、「相手が出す手を見て構わないから、わざと負けたほうが勝ち」などの変わったルールで行なうと盛り上がります。

最後に、「**教える側が雑談をする**」のも効果的です。

これから仕事について教えるのに雑談から始めていいのか、と思う人もいるかもしれませんが、むしろ「いきなり仕事の話から始める」からこそ、教える側もふくめ、みなが緊張してしまうのです。軽い雑談で、相手の緊張感を解き、教えが浸透しやすい状態にしてから、本題に入りましょう。

また、もしもあなたが、年齢的にも役職的にもかなり離れた部下に教える場合は、部下のほうがあなたに対して距離感を覚えている可能性があります。雑談をすることで相手に親しみを与え、その距離を縮めることもできるのです。

ただし、いくら雑談だからといって、仕事にまったく関係ない話を長々とすることは避けましょう。あなたの会社の業界・業種に関連する軽い話から入っていけばいいのです。

教える側も教わる側も、過度の緊張状態では学びの効果は得がたいでしょう。だからこそ、上司は「よい話を聞かせる」だけではなく、雰囲気や空気作りにも気を配らなくてはいけないのです。

Point

「声を出させる」「体を動かさせる」「雑談」で教わる側の緊張を解こう。

教える側のあがりを解消するには？

先述したアイスブレイク・スキルを使い参加者の緊張を解きほぐすことで、教える側の堅さはだいぶ緩和されます。とはいえ、人前で話す経験自体が少ない方や、自分であがり症だと思っている方が多人数を教える場合には、それなりの対策が必要でしょう。

方法はいくつかあるのですが、一番大事なのは、「**準備をしっかりする**」ということです。この章の冒頭で準備の大切さについて述べましたが、あがりという観点からでも準備は重要です。なぜなら、私の経験上、**教える側が緊張する最大の要因は準備不足からくる**ものだからです。

しっかりと準備をしていないからこそ、「ちゃんと教えられるだろうか」とか「途中でポイントを忘れたらどうしよう」などと思うのです。これが、「これ以上の準備は無理だ。120％練習した！」という状態ならば、本番が待ち遠しくなるはずです。

ですから、「自分はあがり症だ」という人こそ、事前の準備を怠らないことです。

また、ささいなことですが、**手元にペットボトルなどの水を用意しましょう。**これは実際に飲まなくても結構です。声がかすれたり、緊張でのどが渇いたりしたときに「いつでも水が飲める」という安心感のために備えておくのです。ただし、お茶やウーロン茶は利尿効果が高いため、長時間教えるようなときは避けてください。

このように、あらゆる場面に備えて準備をすれば、それがあなたの自信につながり、堂々と教えることができるのです。

Point

準備が万全であれば、
あがることなく堂々と教えられる。

教える側は「プチ・ハイテンション」が基本

私も含め、研修やセミナー講師のプロと呼ばれる人間は、相手が楽しく学べる方法を常に模索しています。なぜなら、先述したように、たいていの人の集中力はそれほど長続きするわけでもないですし、また参加者全員が前向きな姿勢で教わろうとしているとは限らないからです。

そのため、大人の学びの先進国であるアメリカの人気セミナー講師は、常にエンターテイメントを意識しています。彼らのセミナーはまるで一種のショーのようです。大音響のＢＧＭの中、講師は会場の後ろから走りながら登場し、受講者とハイタッチをして壇上へ駆け上がります。こうしてセミナーの冒頭から、一気に参加者の気持ちをつかむのです。このように、**プロには、上手に教える力以外に、相手を楽しませる力も求められます。**

また、学んだ後に自分はどう変化しているか？　そして、その結果、何が得られるのか？　などを想像させ、**教わる相手にワクワク感を与えるのもプロ講師の役目**です。

これは、海外の話に限らず、日本の受験産業にも同様のことが言えます。人気があり常に受講者が絶えない予備校講師は、ただ勉強を教えているのではなく、どうしたら生徒が自分に振り向き、お金を出して講座を受けてくれるか、どうしたら生徒に夢を与えられるのかをいつも考えているのです。

こういったプロの教えの姿勢を学ぶことは、あなたにとって必ずプラスになるはずです。まずは、今から始まる学びの時間が楽しく、意義のあることだと伝えることからはじめてください。

ただし、そうは言っても、社内の研修などではできることに限りがあるでしょう。何もアメリカのセミナーのようにアップテンポな音楽をかけろとまでは言いません。まずは、**教える人間が笑顔で話し始めること**から心がけましょう。具体的には、次のようなポイントに注意してみてください。

- **口角を上げて話す**
- **姿勢は伸ばす**
- **言葉遣いはさわやかに**
- **滑舌よく話す**

このように講師が明るく、テンションが高ければ、講習参加者にもよい雰囲気が伝染し始めます。しかし、だからと言って度が過ぎるのも問題ですから、少し抑え気味の「**プチ・ハイテンション**」を意識してください。

講師や教師はときに役者にならなくてはいけません。教えの時間が始まったら、日常の自分ではなく「教える側である」というスイッチを入れ、気持ちを切り替えることが大切です。これは、人格を変えるということではなく、「学びというサービスの提供者である」という心構えで臨むということです。

学びの時間を楽しいものにできてこそ、上級の指導者と言えるのです。

Point

「プチ・ハイテンション」で接することで、相手は楽しく学ぶことができる。

伝わる話し方をする3つのポイント

突然ですが、学生時代に受けた、面白い授業とつまらない授業を思い出してください。つまらなかった授業は、たいてい先生の言葉自体に覇気がなく、まるでお経を唱えるような話し方ではありませんでしたか？　一方、面白い授業の先生は、スピーチにメリハリがあり、教える側の人間味があふれる話し方をしていたと思います。

私は中学生のころ、理科の科目が不得意でした。しかし、話の面白い理科の先生に出会い、彼に興味を持ったのがきっかけで、理科という教科自体に興味を持ち、最終的には得意科目となったのです。

このように、教える人や教え方、またその人の話の仕方で、苦手なものが得意に変わる

伝わる話し方　3つのポイント

❶ 話すスピード
➡早過ぎても、遅過ぎてもダメ

❷ 語尾
➡意図が伝わるよう、ハッキリと

❸ 声の大きさ
➡ときにはあえて小さくし、聞き耳を立てさせる

ことすらあるのです。話し方がいかに重要かご理解いただけたと思います。

ここでは、あなたの話し方をよりよくする、ちょっとしたポイントを紹介します。どれも、教わる側にあなたの言いたいことが伝わるようになるテクニックです。

1つめは**話すスピード**。これは早過ぎても遅過ぎてもいけません。人は緊張するとつい早口になりがちですから、意識してゆっくりめに話したほうがいいでしょう。ただし、あまりゆっくり過ぎると間延びして聞こえるので、注意が必要です。

2つめは**語尾**です。日本語は構造上、文末（語尾）までいかないと、話し手の意図が伝わりません。だからこそ、語尾をはっきりさせて話す癖をつけましょう。語尾があいまいな話し方は、聞き手をイライラさせる原因になります。

最後に、応用テクニックになりますが、大切なことや必ず伝えたいことは、大きな声で話すのではなく、**「あえて小さな声でささやく」**というのも効果があります。

これは、小さい声で聞こえにくいからこそ集中して聞き耳を立てる、という心理に基づくもので、プロの話し手なども使っている技の1つです。話し方にメリハリをつける意味でも、挑戦してみてください。

Point

「スピード」「語尾」「声の大きさ」をコントロールし、伝わる話し方をしよう。

レジュメと板書の効果的な書き方

本書では主に、「話して教える」「実演して教える」ための教え方を紹介してきました。しかし、それ以外にも、レジュメやホワイトボードを使って教える方法もあります。特に多人数の部下に教える場合は、それらのツールを駆使したほうが、より効果的に教えることができるでしょう。

ここでは、教えるために必要な基礎的なツールの紹介と、それぞれの使用上の注意点をお話しします。

①レジュメ

教える内容を補強するレジュメや資料はあらかじめ用意しておきましょう。

効果的なレジュメとは？

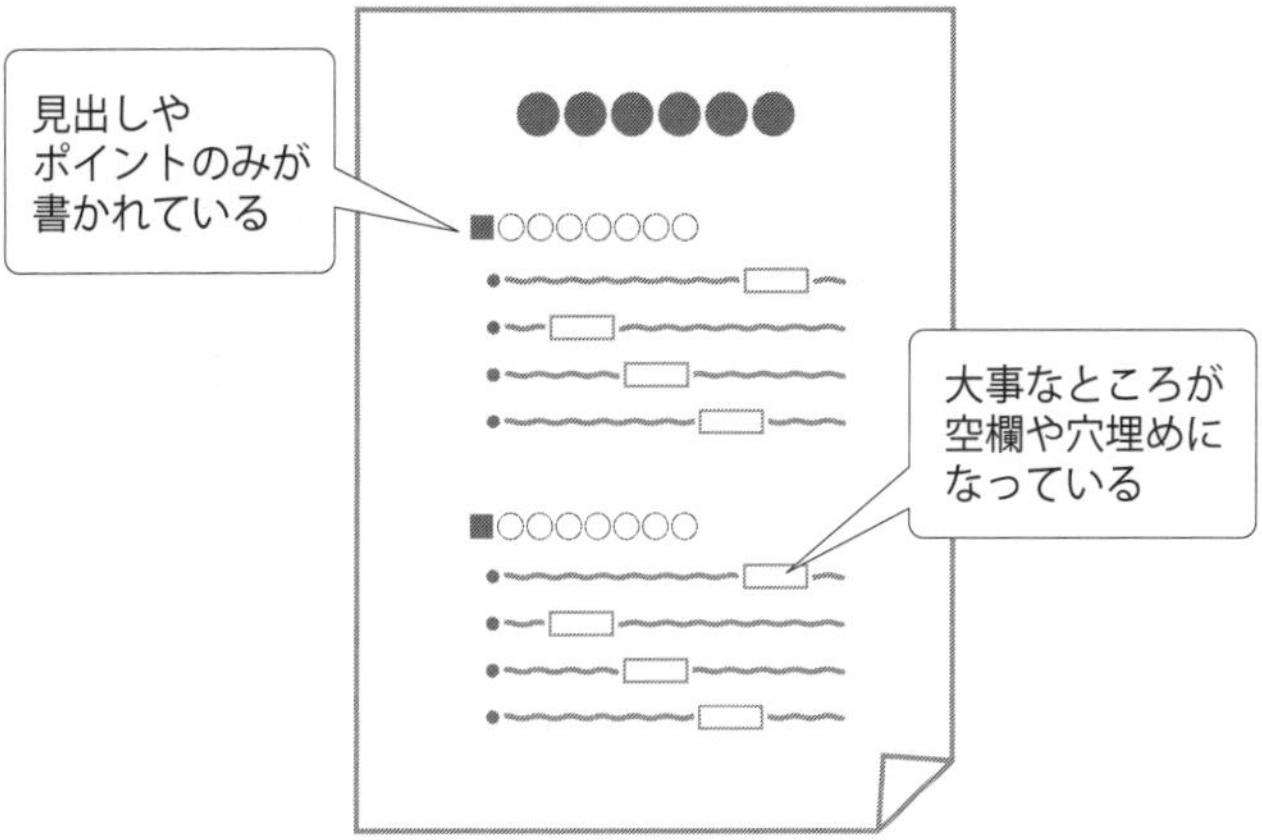
見出しや
ポイントのみが
書かれている
大事なところが
空欄や穴埋めに
なっている

しかし、**その紙にこれから話す内容をすべて書いてしまってはいけません。**これはやめるべきです。なぜなら、教わる側の心理からすると、「書いてあることは読めばわかる。わざわざ学ぶ時間を作っているのだから、書いていないことも教えて欲しい」と考えるからです。

また、話す内容が手元に全部書いてあるということは、解答の載っている問題集を解いているのと同じで、非常に退屈な学びになってしまいます。このような行為は、参加者の眠気を誘うだけだと覚えておいてください。

仕事のプレゼンや学校の授業にも同様のことが言えるのですが、本当に大事なことは口頭で説明し、なおかつ黒板やホワイトボードに書き、教わる側が自らメモするようにすべきです。**レジュメには話の見出しやポイントだけを記載するようにしましょう。**

あるいは、重要なポイントを空欄にする、穴埋め形式のレジュメにしてもいいでしょう。答えは教える側の話にあるとわかれば、教わる側も集中力が保てます。

②黒板・ホワイトボード

次に黒板やホワイトボートを使う際の注意点ですが、教える側はむやみやたらに板書しないのが基本です。中には教える時間の半分以上を板書に費やし、それを半強制的にノートにとらせる人もいますが、それは学びのための時間ではなく、単なる書き写す作業時間です。

それに、あまり多くの情報を板書すると、教わる側は何が大事なポイントなのか、わからなくなってしまいます。レジュメのところでも述べましたが、**本当に大事なポイントのみ、口頭で説明した上で板書する**といいでしょう。

また、**板書した内容は、できるだけ最後まで残す**ようにしてください。せっかちな人だと、書いたそばから板書を消してしまったりするのですが、これでは教わる側が十分なメモをとれず、モチベーションも下がります。

会社のホワイトボードだと書くスペースが少ないという人もいるでしょうが、だからこそ、板書する内容は徹底して絞り込むべきなのです。

レジュメ・板書に共通するポイントは、それに頼り過ぎないということです。教えるという行為は、資料を配ったり板書を写させるだけでは完結しないものなのだと、心得てください。

Point

レジュメには大事なことは書かない。
板書は量を厳選する。

図を使った教え方の注意点

ホワイトボードの話が出てきたので、それにともない、「図」を使った教え方についての注意点を説明します。

図は普通の文字よりも、人の視覚に訴えるインパクトが大きいものです。だからこそ、大事なことを軒並み図にしてホワイトボードに描く、「図解派」のセミナー講師の方もいます。しかし、**インパクトが強いからこそ、図をあまり多用しては逆効果**です。

私のセミナーでは「三角形の法則」という考え方を説明するときには必ず図で説明していますが、それ以外の図はほとんど使用しません。これは、「三角形の法則」を最も伝え

教えるときに使いたい図

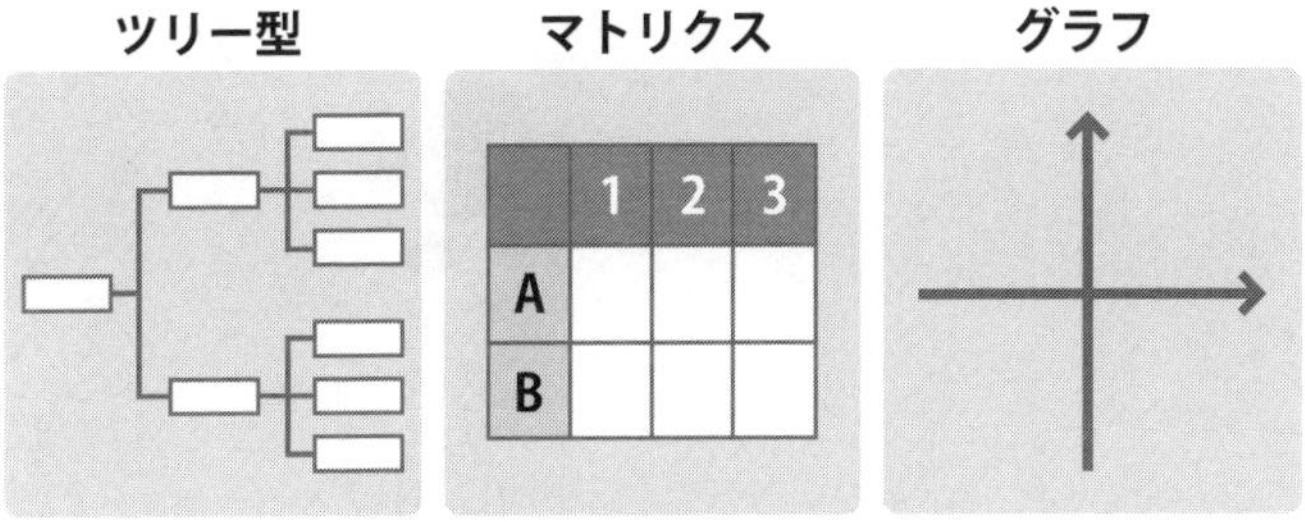

できるだけ単純な図を選び、
遠くからでもわかりやすく描く

たいからです。

つまり、大事なコアコンテンツに図のインパクトを利用して、その伝達力を高めようという狙いです。

また、**図の形はできる限り単純化**したほうがいいでしょう。複雑な図を使って説明しようとしても、図の解読に時間がかかり教わる側の理解を妨げてしまう危険性すらあります。

参考までに、上に、教える際に利用したい代表的な図を載せました。どれも単純な図なので描きやすく、教わる側もわかりやすいかと思います。
教える内容によっては、これ以外にも使いやすい図があるでしょうから、ご自分でも研究してみてください。

Point

● 図は多用せず、シンプルなものを効果的に使おう。

「○○先生いわく」で教え方に説得力を持たせる

営業テクニックの1つに「この商品は○○さんも使っています」という話法があります。これは商品やサービスをセールスするときに、個人が相手なら隣近所の人だったり、法人がターゲットなら同業他社の導入事例を引き合いに出したりして、受注率をアップさせるという手法です。

たとえば、「このサービスはすでにお隣の○○さんや、お向かいの△△さんもお使いになっていますよ」とか「こちらの商品はご同業の××社さんでも導入されています」と言えば、まるで「その町内の人たちや同業他社が公認した」かのようなイメージを相手に与えることができるのです。

同様に、テレビCMなどにおいて、有名芸能人が特定の商品・サービスを「私も使っています！」と宣伝するだけで、爆発的に売上を伸ばすことがあります。

これを**ハロー効果**と呼ぶのですが、この原理を「教え方」に応用すると、話に説得力を持たせることができるのです。

もしも、あなたが教えたい大切なことを裏づける文献やデータがあれば、「○○大学の××教授いわく」とか、「国際△△研究所のデータでは……」と積極的に出典を明らかにしましょう。**権威ある名前を出すことで話に説得力が増し、教わる側にとっては「だから間違いがない」という安心感や信頼につながるのです。**

人は権威には弱いものです。その習性を悪用するのはもってのほかですが、教えるために必要であれば、この「○○先生いわく」を上手に使いましょう。

Point

他人の権威を利用することで、説得力や信頼感のある教え方ができる。

眠ってしまった人への対処法

1対1で教えているときにはまずありませんが、勉強会や研修などで一度に複数の人に教えていると、ときには参加者の中に「コックリ、コックリ」と居眠りをし出す人が現われます。入念な準備をして臨んでいる教える側としては「カチン！」とくることもあるでしょう。しかし、私は「**教わる側のコンディションや集中力までは、教える側は完全に支配できない**」と考えています。

もちろん、これまで書いてきたように「教わる相手が、いかに話を聞き、学び、結果が出せるか」をサポートするのが教える側の仕事です。

だからといって、睡魔に負けて寝ている人の頭を「コツン」と叩いたりしてまで起こすことは、子供ならともかく、大の大人相手にすることではないと考えます。

私が実際にそのような場面に出くわしたとしても、おそらくそのまま寝かせておくことでしょう（ただし、私はセミナーの参加者に恵まれているのか、そのようなことは今まで一度もありません）。

大切な時間を割いて学んでいる人を「そのまま寝かせておく」ということに対して「不親切だ」と思う方もいるかもしれません。しかし、そのような学びの場で寝てしまう人というのは、もはや勉強したいとかしたくないとかの次元ではなく「ただ辛くて起きていられない（眠い）」のです。

そして、このようなコンディションが整っていない人にばかり気を使ってしまうことは全体のためにもならないと私は考えます。**一度に多くの人数に教える場合、ときには少数を切り捨てる勇気も必要です。**

大勢の人間に教える機会が少ない人は、たった一人のために話す内容やリズムを狂わせることがあります。しかし、**まずは全体の利益を考え、そのあとで少数の人たちのことを思いやる**という順番を理解してください。

とはいえ、今にも寝そうな人や、眠気で注意が散漫になっている人をそのまま放置しておくと、全体に悪影響を及ぼす場合もあります。このようなときは、そういった人たちにあえて質問をぶつけたり、その人に目線を合わせながら話すことで、眠ることをある程度防止できます。

最後に、私が日頃からお世話になっているセミナー講師の大先輩で、「元マネーの虎」としても有名な臼井由妃さんから教わった、とっておきのテクニックをご紹介します。社内研修用のものではありませんが、応用技として覚えておくといいでしょう。

臼井さんはセミナーの最初に必ず次のようなお話をされます。

「私は年間で100本近く講演をしておりますが、話の途中で寝た人がいないのが自慢です。もし今日、寝た人が現れた場合、その方は栄えある第一号になりますね！」

この一言で、一気に聞く人の気持ちをつかみ、場を和らげ、さらに参加者の眠気を事前に予防してしまう臼井さんはさすがです。先述したように、楽しませながら教えるスキルがここに集約されています。

すべての人が真剣に聞いてくれるのは非常に難しいことですが、それを目指して、教える技術を磨きましょう。

Point

多数の利益を優先するためにも、眠ってしまった人は寝かせておく。

必ずやりたいグループ・ディスカッション

教わる側の立場からすると、一方的に教える側の話を聞かされるだけでは、集中力にも限界がきます。「早く終わってくれ！」という気持ちに支配されても仕方のないことです。そのためにも、「勉強させられている」から「自分の意志で学んでいる」というスタンスに、教える側が持っていく必要があります。

私が講師を務めるセミナーでは、終了時に必ず「**グループ・ディスカッション**」を行ないます。たとえば「今日学んだことの中で、必ず実行することを3つ書き出してください」と指示し、その後5分間、小規模のグループで意見を交換させています。

こうすることで、序盤で学んだために記憶が薄れてしまっている内容を思い返すことができ、**セミナーの中で効率のよい「復習」の時間が確保できます。**また自分のこれからやるべきことを他の参加者に話すことにより、「人に言ったのだから、やらないと格好が悪い」という小さなプレッシャーも芽生えます。そして何よりも大事なのが、ただ聞くだけの学びではなく、一度口に出させて、より記憶に定着させるという点です。

ここでのポイントですが、決して教える側が「この3つをやりなさい」と指定しないことです。学校の授業ならまだしも、大人の場合はこちらの意向を無理やり押しつけることは避けるべきです。あくまで、自分で実行することを宣言させることが大切なのです。

そして、最後に各グループで発表させる場を設ければ、こちらが指示しなくても「リーダー」「書記」「発表者」などの役割分担が自然に発生し始めます。

私が様々な研修を見てきて「もったいない」と感じるグループワークは、おうおうにして、教える側がレールを用意しすぎています。

「まずリーダーとタイムキーパーを決めましょう。そして次に書記を決め、資料にある内容についてディスカッションしてください」

こんなことは、こちらからいちいち指示しなくとも、ディスカッションを通じて、自発的に決まるものなのです。

このように学びの中に、グループ・ディスカッションを取り入れるのは、とても効果があり、何より**自ら勉強に参加したという意識**が芽生えます。それは次回以降の学習でも、きっと活きてくるはずです。

Point

● グループ・ディスカッションをすれば教わる側に自ら学ぶ意識が芽生える。

「復習タイム」を教える時間に組み込んでおく

先ほどの項目で復習についてふれましたが、大事なことなので再度お話しします。学習したことを定着させるには、もちろん学んだあとに復習をしたほうがいいに決まっています。しかし、そのために宿題を課しても、あまり効果的ではありません。なぜなら、子供と違い、大部分の大人は日々の仕事や日常生活が忙しく、なかなか改めて学ぶ時間をとれないからです。

そこで私が思いついたのが、**「復習タイム」を教える時間に組み込んでおくという方法**でした。先述したグループ・ディスカッションは、まさにその好例です。

「復習タイム」の組み込み方

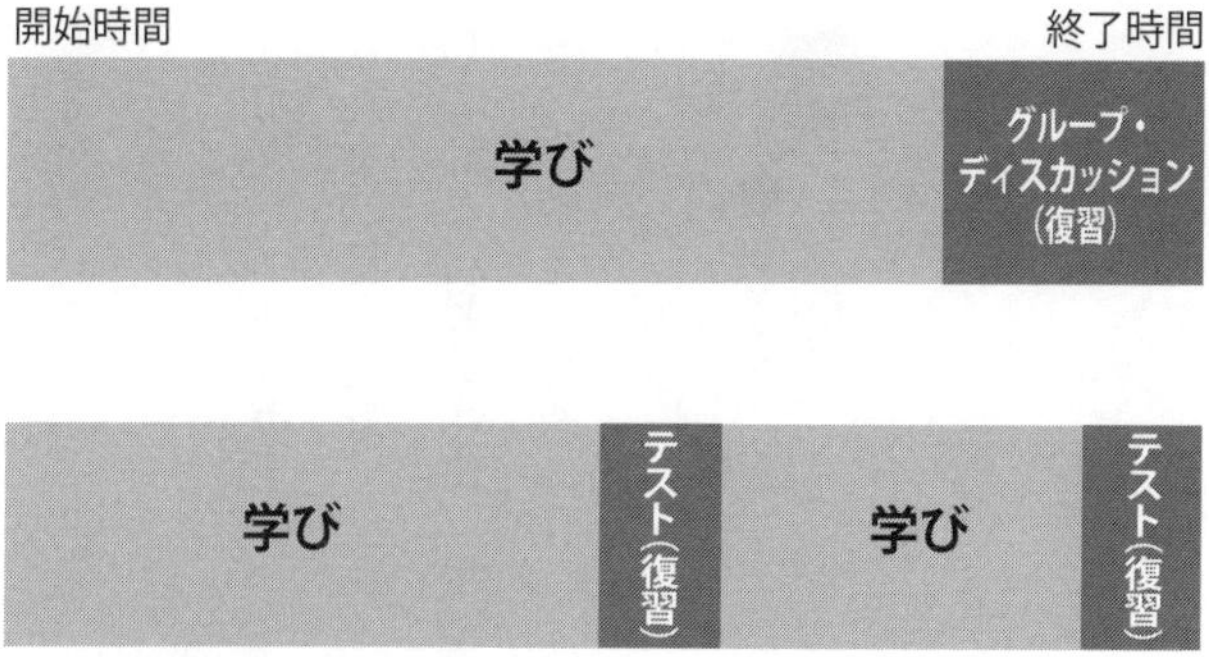

※最後に質問の時間をとっても構わない

また、教える内容によっては、その場でテストをさせるのも効果的です。テストといっても、紙のテストに限らず、営業トークや名刺交換を実演してもらってもいいでしょう。復習の時間をとることで教える内容は限定されますが、その定着度はぐんと上がります。

最後に、教える時間の中以外に、どうしても復習の時間がとりたいという場合は、**ブログやメールマガジン、ミクシィなどのSNSの日記を活用した復習法**はいかがでしょう。

それらのメディアに、教わったことの感想や、それを受けて自分がやろうと決めたことを書いてもらうのです。

個人でブログやメルマガをやっている人にとって、そこに書く題材は常に探していますし、またみんなに見える形で公開することで、そこに責任も生まれます。何より、**普段から習慣にしている行動の中に「復習」を組み込める**のがいいのです。

あなたも、復習を「仕組み化」するアイデアを考えてみてください。

Point

教えた内容を定着させるには、復習の「仕組み化」を考えよう。

教える「時間」と「空間」の注意点

最後に、教える際の「時間」と「空間」についての注意点を説明しましょう。

研修講師などの一部には「教える時間の延長は喜ばれる行為」だと思っている方がいるようですが、私はそうは思いません。それどころか、今流行している言葉を使えば、ずいぶん「ＫＹ（空気が読めない）」な講師だと言えます。

仮に、講師に与えられた時間が2時間なら、その2時間の中で重要なポイントを教えきらなければいけません。「今日は乗ってきたので、サービスで30分間延長します！」などというのは、教える側の独りよがりです。

また、**教わる側からすると、終了時間がわかっているからこそ、その時間に集中できる**という側面があります。ですから、下手な延長は一気に教わる側の集中力を奪い、結局、時間を延ばした意味がないということになりかねません。

一方で、予定時間よりも早く終わるのも問題です。厳しい言い方をしますが、グループ・ディスカッションや質問を受け付ける時間もふくめ、定刻に終わるように設定できないのは、教える側の時間の読みが甘い証拠です。

部下は働く時間の中から、教わる時間を捻出しているのです。そのためにスケジュール調整をしたかもしれません。教える側の都合で時間を延ばしたり、余らせたりするのは慎みましょう。

次に教える「空間」ですが、こちらも学びにおいて非常に重要な要素ですので、気を配らなくてはなりません。

人は基本的に、室温が高いと眠くなり集中力が切れやすくなるので、少し涼しいくらいの温度がちょうどいいでしょう。また、食後の学びはさらに眠気を誘うので、可能であれば、多少「寒い」と感じるくらいの温度設定にするべきです（そもそも、その時間に教える行為を設定しなければすむ問題ではありますが）。

また、音に関しては、騒音はないに越したことはありませんが、会社でも自宅でも私たちのまわりには雑音がいっぱいです。

ただし、本当に集中していれば多少の音は気にならないものですし、教える側のスキルでカバーしなくてはいけない場面もあるでしょう。あとは最低限、携帯電話の電源は切り、外部からの電話も緊急な案件以外はとりつがせないようにするなど、「**教える行為を中断させない**」という準備だけしておけばいいでしょう。

Point

教える時間は必ず厳守し、
できるだけ邪魔の入らない空間で教えよう。

第5章のまとめ

教えの出来は本番までの準備で8割決まる。
教わる側にも予習という準備をさせると効果的。

教わる側の緊張は教える側にも伝染するので要注意。
「声を出させる」「体を動かさせる」「雑談」で緊張を解こう。

教える側があがる一番の原因は、準備不足。
教える内容はもちろん、水なども準備して、万全の態勢に。

教える側は「プチ・ハイテンション」のまま、
「スピード」「語尾」「声の大きさ」をコントロールしよう。

レジュメにはポイントだけ載せ、大事なことは書かない。
板書は量を厳選し、教わる側がメモする余裕を作ろう。

図はインパクトが大きいため、多用は厳禁。
ここぞというときに、シンプルなものを効果的に使おう。

「○○先生いわく」という話法で、
他人の権威を利用すれば、説得力のある教え方ができる。

眠ってしまった人に構うのは、多数の利益に反すること。
それが嫌なら、眠気防止に力を入れよう。

復習も兼ねたグループ・ディスカッションは、
教わる側に自ら学んでいる意識を持たせることが可能。

「復習タイム」は教える時間の中に組み込むか、
日々の習慣の中で「仕組み化」しよう。

教える「時間」は、延ばすのも余らせるのも厳禁。
教える「空間」は、できるだけ邪魔が入らないよう注意。

教わったことは今すぐ教えよう!――おわりに

ある調査によると、人は教わったことの80%を48時間以内に忘れてしまうそうです。しかし、その48時間以内に教わった内容を他の人に「教える」ことで、逆に「80%以上も記憶に定着する」というのです(これは、教えることで記憶力が4倍にもアップするということを意味します)。

ですから、**本書を読んで「内容をしっかり覚えておこう」と思った方は、今すぐ「教える」行為を行なってください。**それこそ、48時間以内に行動に移す必要があります。

この本で教わったことに注意しながら部下に仕事を教えていただくのはもちろんのこと、本文にも書いたように、あなたがお持ちのブログやメールマガジン、またはミクシィなどのSNSの日記に、読後の感想や、本書を読んで「自らが行動すると決めた事項」を書き、公開するのも効果的でしょう。

また、この本のノウハウをより多くの方々とシェア（分かち合い）していただけることは、著者としても大変うれしいことです。

学生時代からずっと落ちこぼれで、本来「怠け者体質」の私が、このような「教え方」に関する書籍を出版できるのも、私に今まで多くのことを教えてくれた諸先生や先輩方、私を生み育ててくれた両親、そしてビジネスパートナーや友人など、みなさまのおかげだと感謝しております（私は常日頃、「自分以外の人はすべて先生」だと思っています）。

また、本書の出版のチャンスを与えてくださった日本実業出版社の滝啓輔さん、執筆の面で力を借してくれた林真人くんにも、この場を借りてお礼を申し上げます。

最後に、この本をお読みになった方々が一人でも多く「教え下手」を克服し、「教えるよろこび」を実感できるよう心からお祈りして、筆をおきたいと思います。

２００８年６月

ネクストサービス株式会社　代表取締役ＣＥＯ　松尾昭仁

読者の皆さまに

【無料メールレポート】（全3回）を期間限定でプレゼント中！

『教えて仕事にレバレッジをかけるための、本には書けなかった3つのポイント』

1日1法則ずつ、3日間にわたって無料メールレポートを配信いたします。
（無料メールレポートは予告なく終了することがありますのでご了承ください）

無料メールレポートの内容

【1日目】 カンニングの大切さを部下に教えろ！
【2日目】 「すごい！」は魔法のほめ言葉
【3日目】 ＦＴＴＰ教え方バージョン2008

1日目の無料メールレポートは下記ホームページからお申し込み後すぐにあなたのメールボックスに届きます！

今すぐご登録ください

▼

http://www.next-s.net/book550

筆者 松尾昭仁への講演、研修依頼・コンサルティング、各種相談・取材・お便り先

ネクストサービス株式会社　〒350-1301 埼玉県狭山市青柳194-1
TEL：0120-103-410（代）　FAX：0120-089-250（24時間受付）
ホームページ：http://www.next-s.net　メールアドレス：next@next-s.net
（ヤフー・Googleで「松尾昭仁」又は「ネクストサービス」で検索してください）

※主な講演・セミナーのテーマ
「部下を動かす教え方セミナー」「モチベーションアップセミナー」「ビジネスマンのための勉強法セミナー」「起業セミナー」「セミナー講師になるためのセミナー」「マーケティングセミナー」「出版戦略セミナー」「ホームページ戦略セミナー」など

松尾昭仁（まつお　あきひと）
ネクストサービス株式会社代表取締役CEO。セミナープロデューサー・セミナー講師プレミアム倶楽部代表、トータルブランディング・起業コンサルタント。
1967年埼玉県出身。西武学園文理高等学校を経て駒澤大学卒業後、世界最大級の総合人材サービス企業に入社。1年目から多くの派遣スタッフを管理し、その教育にも携わる。2003年ネクストサービス株式会社を設立、代表取締役CEOに就任。2005年1月よりセミナー講師業をスタートさせ、短期間で新進気鋭の人気講師として注目される。現在は自身のセミナー活動で得た経験やノウハウを生かし、全国でも数少ない自主開催セミナーのエキスパート「セミナープロデューサー」として、後進の指導と個人・法人のブランディングサポートに力を注ぎ、「大人を教える技術」に日々磨きをかけている。
主な著書に『誰にでもできる「セミナー講師」になって稼ぐ法』(同文舘出版)、『「その他大勢」から一瞬で抜け出す技術』(日本実業出版社)、『生き残る上司』（KKベストセラーズ）がある。

いつも仕事《しごと》に追《お》われている上司《じょうし》のための
部下《ぶか》を動《うご》かす教《おし》え方《かた》

2008年7月1日　初版発行
2008年7月20日　第2刷発行

著　者　松尾昭仁
発行者　上林健一

発行所　株式会社 日本実業出版社　東京都文京区本郷3－2－12 〒113-0033
大阪市北区西天満6－8－1 〒530-0047
編集部 ☎03－3814－5651
営業部 ☎03－3814－5161　振　替　00170－1－25349
http://www.njg.co.jp/

印刷／厚徳社　製本／若林製本

この本の内容についてのお問合せは、書面かFAX（03－3818－2723）にてお願い致します。
落丁・乱丁本は、送料小社負担にて、お取り替え致します。

ISBN 978-4-534-04409-9　Printed in JAPAN